당신의 오늘은 안녕한가요

당신의 오늘은 안녕한가요
몸과 마음이 보내는 신호에 귀 기울일 시간

초 판 1쇄 2025년 09월 19일

지은이 이은정
펴낸이 류종렬

펴낸곳 미다스북스
본부장 임종익
편집장 이다경, 김가영
디자인 임인영, 윤가희
책임진행 김은진, 이예나, 김요섭, 안채원

등록 2001년 3월 21일 제2001-000040호
주소 서울시 마포구 양화로 133 서교타워 711호
전화 02) 322-7802~3
팩스 02) 6007-1845
블로그 http://blog.naver.com/midasbooks
전자주소 midasbooks@hanmail.net
페이스북 https://www.facebook.com/midasbooks425
인스타그램 https://www.instagram.com/midasbooks

© 이은정, 미다스북스 2025, *Printed in Korea.*

ISBN 979-11-7355-495-7 03810

값 19,000원

※ 파본은 구입하신 서점에서 교환해드립니다.
※ 이 책에 실린 모든 콘텐츠는 미다스북스가 저작권자와의 계약에 따라 발행한 것이므로 인용하시거나 참고하실 경우 반드시 본사의 허락을 받으셔야 합니다.

미다스북스는 다음세대에게 필요한 지혜와 교양을 생각합니다.

당신의
오늘은
안녕한가요

몸과 마음이 보내는
신호에 귀 기울일 시간

이은정 지음

미다스북스

추천사 7

들어가는 글 　이제, 나에게 안녕을 묻는다 11

첫 번째 안녕

무엇을 위해 이렇게 달려왔나

1. 내일 죽어도 이상하지 않을 나이 　19
2. 성공의 또 다른 얼굴 　25
3. 일에 묶인 사람들 　31
4. '바빠 죽겠다'는 말의 의미 　37
5. '쉼'은 사치가 아닌 생존 　43
6. 돈이 다가 아니었다 　48
7. 누구를 위한 삶인가 　54
8. 오늘을 살아야 하는 이유 　60

두 번째 안녕

나는 안녕하지 못했다

1. 집 밖을 나갈 수가 없었다 　69
2. 늘 외로웠던 내면아이 　75
3. 하루 스무 잔의 커피 　81
4. '잘 살고 있다'는 착각 속에서 　87
5. 김밥 한 줄로 버티다 　93
6. 잠 못 이룬 밤들 　99
7. 흔들린 날들의 기록 　105
8. 웃고 있지만 마음 한구석은 까맣게 　111

세 번째 안녕

아픔이 성장이 되기도 하지만

1. 관계 속 상처, 성장이 되다   121
2. 배움은 내 삶의 빛   127
3. 직감은 틀리지 않아   133
4. 몸은 나의 집이다   139
5. 산, 고요한 스승   145
6. 함께 부르는 삶의 노래   151
7. 봉사가 준 선물   157
8. 무너진 자리에서 다시   163

네 번째 안녕

나에게 묻기 시작했다

1. 멈추어 나를 보다   173
2. 몸은 거짓말을 하지 않는다   179
3. 마음의 아픔을 외면하지 않기로   185
4. 나는 어디로 가고 있는가   191
5. 지금 이 순간, 나답게!   197
6. 밥이 익는 동안 삶도 익는다   203
7. 머무는 순간, 빛나는 삶   209
8. 가장 귀한 것은 내 안에   215

몸과 마음의 신호를 듣다

1. 관찰하고 사색하기　　　　　　　　　225
2. 'No'라고 말할 수 있는 용기　　　　　231
3. 해야 하는가, 하고 싶은가　　　　　　237
4. 읽고 쓰는 삶　　　　　　　　　　　243
5. 통제할 수 있는 단 하나는 내 마음　　249
6. 몸과 마음의 대화　　　　　　　　　255
7. 오늘, 내가 만들어 가는 삶　　　　　260
8. '질문'을 친구처럼　　　　　　　　　266

부록　　　　　　　　　　　　　　　274
마치는 글　나는 정말, 안녕한가?　　276

추천사

사난다
오쇼 명상센터 글로벌 커넥션 한국센터장

고통속에서 자라나는 성장의 씨앗은 우리를 '알아차림의 본성'으로 돌아가라는 신호를 주고, 또한 우리 자신으로 돌아가도록 돕습니다. 집으로 돌아오는 일, 자기 자신의 내면으로 돌아오는 일, 자신을 진실로 보살피는 길을 열어줍니다.

현대인들은 본성으로부터 너무 멀어져 병들고 지쳐있습니다. 이은정 선생님의 따뜻한 글은 소중한 시간을 헛되이 채찍질하며 보내는 이들에게 멈춤의 지혜와 위로를 건넵니다. 그리고 잃어버린 자기 자신을 다시 바라보고, 사랑할 수 있는 용기를 선물합니다.

독자 모두가 이 책을 통해 내면의 집으로 돌아오는 길을 발견하기를 바랍니다.

조동현
세계국선도연맹 과천수련원장

처음 이 책의 원고를 받고 한참을 아무 말도 하지 못했습니다.
『당신의 오늘은 안녕한가요』라는 제목이 제 마음을 조용히 두드렸고, 그 안의 문장들은 오래된 친구가 건네는 안부처럼 따뜻했습니다. 마치 말하지 않아도 마음을 알아주는 지음자처럼……

저자는 늘 사람의 마음을 먼저 읽고, 말보다 마음을 먼저 건네는 분이었습니다. 그래서 이 책은 단순한 글을 넘어 삶의 결을 어루만지는 기록으로 다가옵니다. '가장 정서적으로 깊이 통하는 사람'이 있다면, 주저 없이 그분을 떠올릴 것입니다.

이 책은 독자에게 묻습니다.
"당신의 오늘은 안녕한가요?"
그 물음은 우리가 잊고 지낸 마음의 안부를 묻는 다정한 손길입니다. 바쁜 하루 속에서 잠시 멈춰 서게 하고, 스스로를 돌아보게 하는 소중한 성찰의 시간을 선물해 주었습니다.

작가의 글을 통해 많은 이들이 위로받고, 오늘을 더 따뜻하게 바라볼 수 있기를 바랍니다. 이 책이 누군가의 하루에 조용히 스며들어 그날의 안녕을 지켜주는 등불이 되기를 기원합니다.

용타 스님
동사섭 행복마을 회주

이 책은,
인생에,
인생의 주연에게,
그리고 주연의 마음 상태에 주목하고 있다.
인생 1번지에 안부하고 있다.

자신의 현주소를 확인한다는 것. '지금여기' 베스트 할 일과 '마음정원'을 관리함에 깨어 있다는 것은 인생에서 우선 할 일일 터, 나는 내 수련회에서 수련생들에게 문득문득 "자 어떻습니까?" 노크한다. 이 노크를 사자후로 듣는 이는 번뜩 정신을 가다듬는 것을 본다.

이 책에서 '안녕한가?'라는 대목은, 바쁜 일상에서 자신을 잊고 지낸 이들이 스스로에게 다정한 안부를 건네는 법을 알려 준다. 마음이란, 흘리는 안부에도 사랑을 느낄 수 있는 게 마음이다.

저자는, 자애롭게 안부하고 있지만 독자는, 선객처럼 현답을 찾게 되리라고 믿어 의심치 않는다. 자신을 위로만이라도 하고 싶은 이들에게도 일독을 권한다.

황태연
한국생명존중희망재단 이사장, 정신건강의학과 전문의

이 책은 오십에 접어든 저자가 돌봄과 책임으로 인해 정작 자신을 뒤로 제쳐두었던 날들, 성취와 인정 뒤에 찾아온 행복 대신 느끼던 허무, 이를 반영한 몸과 마음이 보내오는 위험 신호를 놓치지 않고 기록한 고백이자 성찰입니다.

가족이나 주위 동료들을 위해 헌신하느라 정작 자신을 돌아보지 못하고, 치열한 경쟁 속에서 생존하기 위해 안간힘을 쓰던 힘든 경험이 있다면, 이 책에서 분명히 자신의 이야기를 발견하게 될 것입니다.

누구나 삶의 어느 지점에서는 또 한 번의 사춘기를 맞이합니다.
이 시기의 불안과 혼란 속에서도 진정한 나를 찾아가는 용기있는 여정을 저자는 담담하면서도 따뜻하게 들려줍니다.

해금 연주, 식물 키우기, 명상과 같은 작은 실천으로 새로운 일상을 열어가는 모습은 취미나 여가를 넘어, 진정으로 자신에게 중요한 것에 집중하며 소중한 자신을 되찾으려는 용기의 표현입니다.
책장을 여는 순간 당신은 저자와 함께 새로운 자아를 찾아 즐겁고 충만한 길을 동행하게 될 것입니다.

들어가는 글

이제, 나에게 안녕을 묻는다

"괜찮아요."

입에 달고 살던 말이었다. 몸이 아파도, 마음이 힘들어도, 애써 웃으며 그렇게 말해왔다.

요즘 어떻게 지내요? 누군가가 묻는 말에 진짜 대답을 해본 적이 있었던가. '사실은 너무 지쳐요.' '마음이 고장 난 것 같아요.' '몸이 아프다는 걸 이제야 알았어요.' 이런 말은 왠지 꺼내기조차 민망했다. 그저 자동응답기처럼 "잘 지내요, 괜찮아요"를 반복했다. 그러던 어느 날, 문득 스친 생각.

나는 정말 안녕한 걸까?

마음은 머뭇거렸고, 입안은 바싹 말라붙었다.
나는 '잘' 지내고 있는 걸까, 아니면 그저 '지내고만' 있는 걸까.

스스로에게 던진 이 질문이, 생각보다 오래도록 가슴에 남았다.

오십 대 초반. 어느 날 아침, 평소처럼 일어나려는데 몸이 말을 듣지 않았다. 허리가 끊어질 듯 아프고, 눈꺼풀은 납덩이처럼 무거웠다. 그제야 알았다. 몸은 이미 오래전부터 SOS를 보내고 있었음을. 몸은 거짓말하지 않았다. 마음이 지쳐 있을 때, 몸은 늘 가장 먼저 신호를 보냈다. 비로소 내 삶을 되돌아보기 시작했다.

나는 무엇을 위해 이토록 달려왔던 걸까?

누구를 위해 참으며 버텼던 걸까?

왜 그렇게 애쓰며 살아야 했을까?

이 나이가 되면 삶이 안정될 줄 알았다. 적당한 일, 편안한 관계, 취향대로 채운 집, 여유로운 저녁. 하지만 현실은 달랐다. 가족을 챙기고, 일에 치이고, 관계에 부딪히며 하루하루를 버텨냈다. 무언가를 이루었다기보다는, 겨우 해냈다는 말이 더 익숙해졌다. 삶은 여전히 분주했고, 마음은 여전히 어수선했다.

4050.

흔히 중년, 혹은 갱년기라 불리는 시기. 나는 '두 번째 사춘기'라 부르고 싶다. 첫 번째 사춘기가 세상에 대한 반항이었다면, 두 번째 사춘기는 내 안을 향한 질문들이 밀려오는 시기다.

"이게 맞는 걸까?"

"나는 누구인가?"
"나는 지금 행복한가?"
 밤마다 이불을 끌어올릴 때, 아침마다 커피를 내릴 때, 이 질문들이 불쑥 떠오른다. 더는 외면할 수 없었다. 답하지 않고는 살아갈 수 없었다.

 한 가정의 중심이자 자녀의 울타리로, 누군가의 딸이자 아내로 살아왔다. 정신없이 달리다 보니 '나'는 늘 뒷전이었다. 갱년기의 문턱에서 찾아온 호르몬 변화, 부모님의 병환 소식, 아이들은 다 커버렸지만, 여전히 손이 간다. 남편은 무심하고, 친구들도 바쁘다. 일상은 그대로인데 나는 서서히 무너져 갔다. 누군가를 챙기느라 나를 돌보는 법을 까먹은 거다. 눈앞의 일들을 처리하느라, 나의 속도와 감정과 신호를 놓쳤다.

 참 오래도 버텼다.
 '엄마니까, 아내니까, 딸이니까, 직장인이니까… 지금은 참아야 하니까.'
 그 모든 역할과 기대와 책임의 무게 아래에서 감정을 눌러 담았다.
"그래도 나는 괜찮아."
"이 정도쯤은 누구나 겪는 거야."
"힘든 건 나뿐만이 아니잖아."
 스스로를 달래며 감내했다.

 그러다 마음보다 몸이 먼저 무너지기 시작했다. 이유 없이 머리가 아

들어가는 글

프고, 가슴이 뛰고, 숨이 막혔다. 병원에서는 원인을 모르겠다는 말뿐이었다. 그 모든 증상은 '나이 탓'이 아니었다. 마음이 보내는 언어였다. 몸이 말해주는.

이 책은 몸과 마음의 언어를 듣는 연습에 관한 기록이다. 누구의 엄마도, 아내도, 딸도 아닌, 오롯이 '나'로서 살아가기 위한 이야기. 스스로를 회복하기 위해 써 내려간, 조금은 서툴지만 진심 가득한 고백이다. 이 글을 통해 말해주고 싶었다. '정말 잘 살아왔어. 이제는 나 자신을 돌볼 차례야!' 지쳤지만 여전히 사랑을 주고, 상처받았지만 여전히 희망을 꿈꾸며, 혼자이지만 단연 외롭지 않은 존재. 이제, 나를 지키는 법을 배워야 할 시간에 서 있다.

본문은 다섯 개의 장으로 구성했다.
첫 번째 장은, '무엇을 위해 이토록 달려왔는가'를 묻는다. 성공, 쉼, 돈, 그리고 잊고 지낸 오늘의 의미를 되짚는다.
두 번째 장은, '나는 안녕하지 못했다'는 고백. 커피로 버티던 일상, 관계의 스트레스, 외면했던 내면의 아이와 마주한다.
세 번째 장에서는, 아픔이 성장의 씨앗이 되었던 순간들을 기록했다. 무너진 자리에서 다시, 천천히 일어선 나의 이야기다.
네 번째 장은, 나에게 묻기 시작한 시간이다. 행복한 척에서 벗어나, 진짜 나로 살아가기 위한 내면의 질문들을 담았다.

다섯 번째 장은, 몸과 마음의 신호를 듣는 법. 관찰, 거절의 용기, 쓰는 삶, 명상 등 작지만 단단한 무기들로 삶을 지탱하는 이야기를 풀어냈다.

이 책은 나 자신에게 보내는 편지이자, 나와 닮은 4050 여성들에게 건네는 작은 위로다.
"나는 왜 이렇게 지칠까?"
"내가 뭘 잘못 살았던 걸까?"
"왜 자꾸만 눈물이 날까?"
자신을 자책하는 이들에게 조심스레 말해주고 싶다. 당신은 잘못 살고 있는 게 아니다. 이미 충분히 잘 살아왔다. 이제는 '나'를 돌볼 차례다!

누구나 무너질 수 있다. 하지만 무너짐이 끝이 아니다. 오히려 무너졌기에 비로소 보이는 것들이 있다. 내가 무엇을 잃었는지, 무엇을 원하는지, 지금 나에게 정말 필요한 것이 무엇인지.
오늘도 나에게 묻는다.
"나는 안녕한가?"
이 책을 집어 든 당신에게도 묻고 싶다.
"당신은 지금, 안녕한가요?"

이 질문이 당신의 하루에 작은 쉼표가 되길 바란다.
이 책이 당신의 마음에 따뜻한 온기가 되길 바란다.

결국, 우리가 살아가는 이유는 누군가에게 인정받기 위해서도, 무엇을 성취하기 위해서도 아니다. 그저, 오늘의 나를 다정하게 안아주기 위해서다. 스스로에게 이렇게 말해주기 위해서다.
"그래도 괜찮았어. 오늘 하루도 잘 살아냈어."

언젠가, 조금 더 단단한 마음과 가벼운 몸으로, 더 부드럽고 빛나는 얼굴로 이렇게 말할 수 있기를.
"나는 지금, 안녕하다."

2025년 봄, 서재에서.
우주힐러 이은정.

첫 번째 안녕

무엇을 위해 이렇게 달려왔나

> Q1 당신은 무엇을 위해 달려오셨나요?
> Q2 오늘도 쉼 없이 달리는 이유는 누구를 위한 것인가요?
> Q3 성공이라는 단어를 떠올릴 때, 가장 먼저 떠오르는 건 무엇인가요?

1
내일 죽어도 이상하지 않을 나이

죽음을 두려워하지 말라. 두려워할 것은 진정으로 살지 못한 삶이다.

빅토르 위고

어느새 쉰이 넘었다. 거울 속의 나는 여전히 젊음을 간직하고 있다. 착각인지도 모른다. 몸과 마음은 세월의 흔적을 고스란히 담고 있다. 지인들을 만나면 자주 듣는다. "우리 이제, 내일 죽어도 이상하지 않을 나이야." 처음에는 그 말이 서글프고 두려웠다. 서서히 그 속에 담긴 의미를 조금씩 이해했다. 이 나이에 이르러서야 비로소 삶의 진정한 가치를 깨닫게 된 것일까.

몇 해 전, 지인이 갑작스럽게 세상을 떠났다. 나와 비슷한 또래였다. 누구보다 열정적으로 살던 사람이었다. 그녀의 죽음은 충격이었고, 동시에 많은 생각이 들었다. '그래. 이렇게 갑자기 떠날 수도 있는데…. 나는 과연 무엇을 위해 이렇게 열심히 살고 있는 걸까?' 한참이나 머릿속을 떠나지 않았다. 장례식에서 오랜만에 만난 후배가 말했다. "선배는 정말 멋지게 사셨어요. 하고 싶은 일을 다 하셨잖아요. 후회 없지요!" 조금은 위로가 되었지만, 의문이 들었다. 정말 후회 없이 살고 있는 걸까? 우리는 과연 무엇을 위해 살아가는 걸까. 돈? 가족? 명예? 죽음을 눈앞에 두고서도 그 모든 게 여전히 유효할 수 있을까. '후회 없는 삶'이란 도대체 무엇일까.

  50대를 늙었다고 여기던 시절이 있었다. 막상 이 나이가 되고 보니, 세상 물정 모르는 아이같이 여전히 부족하고 흔들리는 한 사람일 뿐이었다. 주변에서 들려오는 이별의 소식들을 들을 때면 오래도록 품어온 환상이 깨졌다. 그런 내 모습을 인정하기까지도 적잖은 시간이 필요했다.

  내가 걸어온 길을 되돌아보았다. 성취와 성공을 위해 쉼 없이 달려왔다. 가족을 위해, 인정받기 위해, 나 자신을 위해. 어느 순간부터인가 공허했다. 채워지지 않는 무언가가 있었다. 행복? 사랑? 나눔? 그것들은 눈에 보이지 않았고, 성과로 증명되지 않았다. 물질적 풍요와도 거리가 멀었다. 오히려, 사랑하는 사람들과 대화할 때, 평화롭게 산책할 때, 그리고 나 자신과 마주하는 고요한 순간에 숨어 있었다.

  결국 방향을 틀었다. 남들의 시선에 휘둘리지 않고, 내가 진정 원하는 삶을 향해 걸어가기로 한 거다. 그 시작은 '자기 돌봄'이었다. 몸과 마음을 건강하게 지키는 일이야말로 삶을 지탱하는 가장 단단한 뿌리이기에.

매일 아침, 명상과 산책으로 하루를 열었다. 마음 다스리는 시간은 내게 꼭 필요한 의식처럼 자리 잡았다. 하루 한 끼는 생식으로 간단히 채우고, 1L 텀블러에 물을 채워서 꾸준히 마셨다. 하루 아홉 번, 짧은 스트레칭으로 몸을 깨웠다. 작은 습관들이 쌓이면 나를 더 단단하게 만들 것이라 믿었다. 좋아하는 일들을 하나씩 시도했고, 오랫동안 미뤄왔던 악기를 다시 잡았다. 주말이면 무조건 밖으로 나가 걸었다. 나 자신에게 집중하는 시간이었다. 물론 쉽지 않았다. 몸에 밴 습관을 바꾸는 건 큰 도전이었다. 바쁜 일상에서 시간을 내는 것도, 주변의 기대와 내 스케줄 사이에서 균형을 잡는 일도 만만치 않았다. 그럼에도 멈추지 않았다. 도전이 계속될수록 나를 더 깊이 알아갔다. 평범한 루틴으로 하루하루 흘러갔다. 가끔 작은 변화들이 찾아왔지만 비관적이지도 않았다. 있는 그대로 받아들였고, 무한한 내일을 약속하기보다 '지금'을 충실히 살아내는 법을 배워갔다.

나이 듦은 어느 날 갑자기 찾아오는 게 아니었다. 서서히 스며들었다. 무릎이 아파서 여행이 예전만큼 즐겁지만은 않았다. 고강도 운동은커녕 달리기조차 멈췄다. 식당의 메뉴 앞에선 어느새 입맛이 달라진 걸 느끼고, 한때 즐겨 듣던 음악은 '올드 채널'에서 흘러나왔다. 작고 사소한 변화들이 하나둘 쌓여 마지막 여정으로 향했다. 그렇다면, 지금 나이에 진짜로 맞서야 하는 게 뭘까. 단지 신체적인 노화만은 아니었다. 가장 두려운 건 정신의 나태함이었다. '이젠 나이도 있는데….' 하며 도전을 포기한다. 핑계일 뿐이다. 열정은 서서히 시들고, 꿈도 점점 흐릿해진다. 그렇기에 몸과 마음을 지키는 나만의 '무기'가 필요했다. 칼이나 방패를 말하는 게 아니다. 살아갈 목적을 잃지 않는 힘, 매 순간을 호기심으로 마주하는 태도, 그리고 안주하지 않겠다는 단단한 마음가짐이다.

  55세에 마라톤을 시작한 지인이 있다. 뛰고 나면 몸살로 고생한다. 관절 약을 먹을 만큼 힘들어도 그는 멈추지 않았다. 남들에게 보이기 위해서도 아니고, 특별한 목적 때문만도 아니었다. 어쩌면 스스로에게 증명하고 싶었는지도 모른다. 달리기를 멈추면 죽음이 더 빨리 온다며 계속 뛴다. 과장이 아니었다. 멈추는 순간 삶이 끝날 거라 자각했기 때문이리라.
  나에게 그 무기는 글쓰기다. 단어를 하나하나 엮어 문장을 만들고, 때로는 문장 하나에 온 신경을 쏟는다. 막힐 땐 답답하지만, 완성된 문장을 마주할 땐 짜릿하다. 시간이 아무리 내 존재를 지우려 해도 글은 남는다. 내가 글을 쓰는 이유이자, 내가 살아 있다는 증거다. 사라지지 않기 위한, 나만의 싸움!
  열심히 살겠다는 말만으로는 부족하다. 젊은 시절의 열정은 때론 불처럼 타오르다가 이내 꺼지기도 한다. 그 열정은 무모하고 자유로웠다. 하지만 50대인 지금, 열심히 산다는 건 다른 의미다. 불필요한 것들을 덜어내고, 진짜 중요한 것에 집중하는 거다. 두려움에 휘둘리지도 않고, 내가 원하는 걸 향해 주어진 순간을 충실히 사는 것이기도 하다. 미완성된 원고, 쓰다 만 문장, 끝내 못한 계획들이 남더라도 괜찮다. 끝까지 앞으로 나아가고 있었다는 증거로 남을 수 있도록 노력할 뿐. 만약 내일 죽는다면, 무언가의 한가운데에서 떠나고 싶다. 문장을 쓰다가, 배우다가, 여전히 앞으로 나아가고 있는 그 순간에.

우리는 언젠가 끝을 맞이하게 된다. 그 끝이 언제일지는 누구도 알 수 없다. 중요한 건 '얼마나 오래 사느냐'가 아니라 '어떻게 살아가느냐'다. 나이가 들수록 삶의 속도는 서서히 느려지고, 선택의 폭도 줄어드는 듯 보인다. 나는 그 안에서도 여전히 앞으로 나아가고 싶다. 거센 물살 속에서도 노를 저어가는 작은 배처럼, 느릴지라도 멈추지 않는 힘을 잃고 싶지 않다. 쉰이 넘은 지금, 이제야 비로소 진정한 삶의 의미를 깨달았다. '내일 죽어도 이상하지 않을 나이'라지만, 오히려 그렇기에 오늘 하루가 더욱 값지고 절실하다.

삶은 완성된 작품이 아니다. 오히려 과정 그 자체가 작품이고, 그 과정이 나를 만든다. 헬렌 켈러의 말처럼, "인생은 대담한 모험이거나, 아니면 아무것도 아니다." 오늘도 이 문장을 가슴에 새긴다. 두려움 대신 호기심을 선택하고, 불필요한 짐은 덜어내며, 꼭 붙잡아야 할 것들만 손에 쥔다. 몸과 마음을 건강하게 돌보는 작은 습관들, 살아갈 이유를 향한 선명한 시선, 그리고 끝까지 전진하겠다는 결심을 품고 하루를 살아간다. 앞으로도 '완성'을 목표로 하지 않을 거다. 대신, 매 순간 나를 움직이게 하는 이유를 찾고, 그 이유와 함께 살아갈 것이다. 언젠가 마지막 장이 닫히는 날이 오더라도, 그 페이지에는 '진행 중'이라는 표지가 붙어 있기를 바란다. 멈추지 않는 한, 삶은 여전히 나를 써 내려가고 있을 테니까.

2
성공의 또 다른 얼굴

모든 욕망을 던져버려라.
아무것도, 신조차 갈망하지 말고 평화롭게 있으라.
욕망하지 말라. 단지 존재하라.
이 순간으로 하여금 그곳에 있게 하고 그대를 그 안에 있게 하라.
그러면 그대는 돌연 모든 것을 소유하게 된다. 삶이 그곳에 있기 때문이다.

오쇼 라즈니쉬, 『삶의 길 흰구름의 길』 중에서

"말은 제주로, 사람은 서울로!"

아빠가 자주 하시던 말이다. 출세하려면 서울 가야 한다고. 그럼, 난 성공한 걸까? 도망치듯 고향을 떠났다. 쑥쭘함을 감추려 농담처럼 웃었지만, 속으론 불안했다.

쉼 없이 달려왔다. 사회가 정해놓은 기준에 따라 목표를 세우고 하나씩 이뤄냈다. 학교에서 좋은 평가를 받았고, 명예로운 교수 직함을 얻었다. 강의는 끊이지 않았고, 박사학위, 연구 논문, 각종 실적이 하나둘 쌓였다. 겉보기엔 흠잡을 데 없는 삶이었다. 노력은 눈에 보였고, 헌신은 인정받았다. 어느 날, 삶의 방향을 다시 생각하게 만든 사건이 찾아왔다.

늘 그렇듯 바쁜 하루였다. 강의를 마치고 나니 유난히 피곤했다. 어깨는 묵직했고, 가슴은 답답했다. 대수롭지 않게 넘겼지만, 증상은 반복됐다. 남편의 권유로 병원에 갔다. 가볍게 건강검진 한다고 생각했는데, 의사의 표정이 굳어졌다. "환자분. 이제부터는 건강관리 잘하셔야 합니다. 몸이 보내는 신호를 더 이상 무시하면 안 됩니다." 순간, 시간이 멈춘 듯했다. 건강하다고 믿어왔던 내 몸이 무너지고 있다니. 사실을 인정하는 게 쉽지 않았다. 언제나 학교 일을 최우선으로 두고 달려왔다. 끄떡없다고, 아직은 괜찮다고 믿었다. 아니, 자만했다. 몸은 이미 오래전부터 경고를 보내고 있었던 거다. '멈추어 돌아봐!'

성공.
삶에서 빼놓을 수 없는 주제다. 우리는 어릴 때부터 성공을 목표로 삼으며 자란다. 좋은 성적을 받고, 좋은 대학에 가고, 좋은 직장에 취직하고. 마침내 누군가가 성공했다고 인정해 줄 위치에 오르기 위해 끊임없이 달린다. 과연 그 성공은 정말 행복을 보장해 줄까? 더 가지는 게 성공일까, 아니면 덜 놓치려 애쓰는 게 성공일까. 그 물음 앞에, 나는 잠시 멈춰 섰다. 지금 이 길의 끝에 내가 있는지, 아니면 잃어버리고 있는지.

그 답을 찾고 싶었다.

한 친구가 떠올랐다. 외국계 회계법인에서 일하던 그는 보수도 좋았고, 경력도 안정적이었다. 매일 빌딩 숲 사이로 출근했고, 밤이면 엘리베이터 거울에 비친 초췌한 얼굴을 마주한 채 퇴근했다. 어느 날, 그는 돌연 퇴사하고 통영으로 이사 갔다. 누가 말릴 새도 없이 오래전부터 준비해 온 듯 담담했다. "몸은 움직이는데, 마음이 안 따라오더라." 그가 무심히 던진 말이 마음에 오래 남았다. 처음엔 그저 잠시 쉬려는가 보다 생각했다. 얼마 지나면 다시 돌아올 줄 알았다. 지금 그는 상담하고, 대학에서 강의한다. 닭 울음소리에 눈을 뜨고, 텃밭에서 직접 키운 채소를 먹는다. 예전처럼 빠르게 살지 않지만, 매일 자신이 원하는 곳으로 향한다. 누군가는 실패라 말할지 모르지만, 그의 눈빛은 그 어느 때보다 평온했다.

"후회되진 않아?" 그에게 물었더니, 잠시 생각하다가 이렇게 답했다. "이젠 억지로 눈 뜨지 않아도 돼. 숨 쉬는 데 힘이 들지 않아. 그거면 된 거지." 담담했지만 깊었다. 우리는 흔히 성공을 외부의 기준으로 측정한다. 높은 자리, 빠른 성장, 남들이 알아보는 화려한 이력으로. 그러나 그는 증명했다. 성공은 더 멀리, 더 높이 가는 것이 아니라, 끝내 스스로를 잃지 않는 것일 수도 있다는 사실을.

돌아보면, 내 삶의 방향은 늘 외부 평가에 따라 결정되었다. 성취만이 가치라 믿었고, 타인의 존경을 받는 것이 삶의 궁극적인 목표였다. 정작 내가 진정으로 원하는 것이 무엇인지 묻지 않았다. 밤늦도록 연구에 매달렸고, 주말에도 책상 앞을 떠나지 않았다. 상을 받거나 동료들의 칭찬을 들을 때면 잠시나마 기뻤다. 남들이 말하는 성공 때문이었는지도 모르겠으나, 오래가지 않았다. 곧 허무했다. 내가 쫓아온 건 비교에서 비롯된 성공이었다. 어쩌면 성공은 도착지가 아닐지도 모른다. 어디에 도달했느냐보다, 지금 이 자리에서 나 자신을 지키는 태도에 있었다.

언젠가 막내 생일이었다. 보고서 마감 때문에 간단하게 저녁을 먹고 다시 학교로 갔다. "엄마, 오늘은 늦지 마요." 아이의 말이 귓가에 맴돌았지만, 약속을 지키지 못했다. 새벽에 돌아오니 아이는 이미 잠들어 있었다. 식탁 위엔 내 몫의 케이크 한 조각이 덩그러니 놓여있었다. 그 앞에 앉아 한참을 움직이지 못했다. 무엇을 위해 이렇게 달려왔던 걸까. 깊은 밤, 깔깔거리며 웃는 아이들의 얼굴이 스쳤다.

소박한 식사 한 끼, 마음의 여유, 건강하게 살아가는 것…. 그거야말로 내가 간과해 온 진짜 성공이었다. 그동안 나는 앞뒤 가리지 않고 달려왔다. 타인의 평가 속에서 내 가치를 찾으려 했고, 지쳐 쓰러질 때까지 나를 몰아세웠다. 성공은 반드시 이루어야만 하는 것이라 믿었고, 희생은 당연한 대가라 여겼다.

이제 성공의 의미를 새롭게 정의한다. 성공은 더 이상 직함이나 재산, 사회적 지위에 있지 않다. 내 일상에 마주하는 작은 순간들이야말로 성공의 본질이다. 아침에 눈 뜨면 기지개를 켜는 일, 물을 끓이고 차를 내려 창가에서 여유롭게 마시는 시간, 주말이면 바지런 떨며 김밥을 말고 아이들과 뒷산을 산책하며 나누는 대화, 그리고 시간을 정해 혼자 고요히 앉아 마음을 가다듬는 순간. 이런 순간들이 모여 나를 진짜 성공으로 이끌었다.

아무리 많은 것을 이루었어도, 몸과 마음이 건강하지 않다면 모든 게 무의미하다. 그래서 나는 나를 지키기로 했다. 남들의 인정과 칭찬을 갈망하는 마음을 내려놓고, 쉼 없이 달리기보다 하루의 의미를 음미하기로 했다. 만족이란 외부에서 오지 않는다. 스스로 충분하다고 여기는 순간에 찾아온다. 미국의 철학자 헨리 데이비드 소로가 말했다. "성공이란 원하는 것을 얻는 것이 아니라, 가진 것을 사랑하는 것이다."

그렇다. 성공은 먼 미래에 있는 목표가 아니다. 오늘 하루를 어떻게 살아냈는지에 달려 있다. 더 가지려 애쓰기보다 이미 가진 것을 소중히 여겨야 한다. 하루의 작은 기쁨을 놓치지 않는 법도 배워야 한다. 그것이 끝까지 지켜야 할 성공의 또 다른 얼굴이 아닐까.

이 깨달음을 나 혼자만 품고 싶지 않다. 학생들에게, 상담자들에게, 여전히 '성공'이라는 이름의 끝없는 경주에 지쳐 있는 이들에게 전하고 싶다. 목표를 향해 달리는 건 좋지만, 그 길에서 자신을 잃어서는 안 된다. 앞만 보고 무작정 달리다 보면 탈이 난다. 숨이 막히고 방향을 잃는다. 남들이 만든 잣대로 내 성공을 재단하는 순간, 더 이상 나로 살 수 없다. 진짜 성공은 오늘 내가 누린 하루의 충만함에 있다. 성공은 내가 숨 쉬고 있는 지금 이 순간의 얼굴이니까. 그래서 더 많이 가지려 하기보단, 이미 가진 것을 바라보는 시선을 택한다. 그것이 나를 지치게 했던 욕심을 내려놓게 했고, 내 하루를 더 선명하게 바라보게 했다.

매일 밤, 자문한다. "오늘 나는 성공했는가?" 그 대답은 예전과 달라졌다. 얼마나 많은 일을 해냈는지가 아니다. 얼마나 충만한 하루를 보냈는지가 기준이다. 오늘 나는 친절했는가. 사랑하는 사람들과 따뜻한 시간을 보냈는가. 하루를 온전히 살았는가. 그 대답이 "예."라면, 오늘도 나는 성공한 거다.

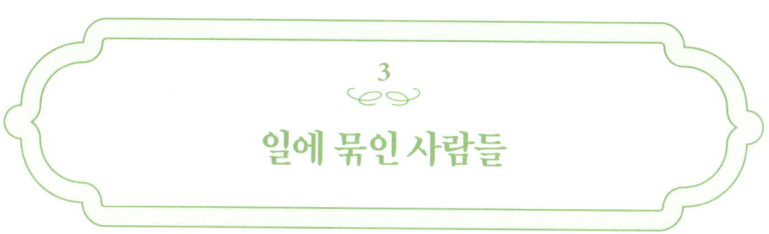

3
일에 묶인 사람들

바꿀 수 없는 것은 받아들이는 평온함을,
바꿀 수 있는 것은 바꾸는 용기를,
또한 그 차이를 구별하는 지혜를 주옵소서.

라인홀드 니부어, 「평온을 위한 기도」 중에서

아침에 눈 뜨면 가장 먼저 떠오르는 건 해야 할 일이었다. 잠들기 전까지 머릿속은 강의 계획으로 가득했다. 주말과 휴일의 경계도 희미했다. 쉼 없이 일하는 것이 당연하다고 믿었다. "쌤, 정말 성실하시네요." 그 말을 들을 때마다 자부심이 일었다. 마치 내 존재 이유인 듯 여겨졌다. 일하지 않는 삶은 상상조차 할 수 없었다. 물론 일에 몰두할수록 몸과 마음은 점점 지쳐갔다. 체력은 떨어지고, 여유는 사라졌다. 알고 있었으나 멈출 수 없었다. 일이 없으면 실패한 인생 같았고, 멈추는 순간 모든 게 무너질 것만 같았다.

일은 분명 삶의 중요한 부분이다. 일을 통해 자아를 실현하고, 경제적 안정을 얻으며, 사회적 관계를 형성한다. 다만, 일이 삶을 지배하기 시작하면 균형이 무너지거나, 때로는 일중독의 늪에 빠진다. 우리 사회는 일을 미덕으로 여기는 경향이 강하다. 내가 살아온 시대는 더욱 그랬다. 나 역시 늘 일의 중심에서 살아왔다.

어느 날, 제자가 찾아왔다. 눈가에 고였던 눈물이 그대로 흘러내렸다. "교수님, 저는 더 이상 이렇게 살고 싶지 않아요. 눈만 뜨면 일만 하는데, 결국 행복을 찾을 수가 없어요." 심장이 철렁 내려앉았다. 왜 그랬을까. 그 말이 마치 내 안의 깊숙한 데서 들려오는 목소리인 듯. 내 내면을 그대로 비추는 거울 같았다. 그날 밤, 나는 오랫동안 묻지 못했던 질문을 했다. 나는 왜 이렇게까지 일에 매달리고 있는 걸까? 정말 일을 위해 살아가는 걸까? 내 삶에서 일이 그렇게 중요한가? 돌이켜보니, 나는 오랫동안 '일'을 삶의 유일한 목표로 삼아왔다. 인정받는 순간에만 성취감을 느꼈고, 그것이 곧 행복이라 믿었다. 그러나 외부의 인정은 내면의 행복을 채워주지 못했다. 고대 철학자 아리스토텔레스는 말했다. "행복은 우리가 반복적으로 하는 것에서 온다. 따라서 탁월함은 행동이 아니라 습관이다." 나는 오랫동안 반복적으로 일에 몰두해 왔다. 내 삶을 탁월하게 만들 거라 믿었다. 진정한 탁월함은 삶의 균형 속에서만 가능하다는 걸 깨닫기까지 참으로 오랜 시간이 걸렸다.

오랜만에 친구에게서 전화가 왔다. 갑자기 쓰러져 병원에 실려 갔다고 했다. 사인은 과로. 큰 수술을 받는다고 했다. 병문안 가니 그녀가 힘없이 웃으며 말했다. "나, 정말 일을 사랑했어. 하지만 이제야 알겠어. 몸을 돌보지 않으면 아무리 열심히 일해도 아무 소용이 없다는 걸 말이야. 우리 나이는 더더욱 그렇잖아." 그 말이 마음 깊숙이 콕 박혔다. 나 또한 언제든 같은 상황에 놓일 수 있다는 생각이 스쳤다. 더는 일을 내 삶의 전부로 두지 않겠다고 결심했다. 일이 나를 지배하는 건 내가 원하는 삶이 아니었다. 일을 선택하고 조절하는 삶을 원했다. 일에서 잠시 벗어나 나 자신을 돌보기로 했다. 틈나는 대로 산책하고 명상했다. 의도적으로 약속을 만들어 가족과 시간을 보내기도 했다. 일정 시간 혼자만의 여유를 가졌다. 조금씩 삶이 다시 보였다.

그렇다. 일은 행복을 위한 수단이지, 목적이 될 수 없다. 일본에는 '과로사(karoshi)'라는 단어가 있다. 과도한 노동이 생명을 앗아간다는 뜻이다. 미국과 유럽에서도 '워크-라이프 밸런스(work-life balance)'가 중요한 화두로 떠올랐다. 나 역시 그 문제를 직시했다. 더 이상 일에 종속되지 않고, 균형 있는 삶을 만들어 가야겠다고 다짐하고 또 다짐했다.

지금 나는 글쓰기 코치, 상담사, 강사, 단체 임원 등 여러 가지 일을 한다. 여전히 배우고 성장하지만, 찰라지간 나를 잃지 않으려고 노력한다. 일과 삶의 균형을 맞추기 위해 이렇게 실천한다.

첫째, 우선순위를 세운다. 모든 일을 다 잘하려 하기보다 중요한 일에 집중한다. 우선순위를 정하고, 그에 따라 일정을 조정한다.

둘째, 유연하게 일한다. 프리랜서 특성상 집에서 일할 수 있는 날엔 시간을 효율적으로 관리한다.

셋째, 자기 돌봄을 게을리하지 않는다. 몸과 마음의 건강을 위해 규칙적인 운동과 명상은 필수다. 수면 습관을 조절하고 적당량의 휴식 시간을 할애한다. 스트레스는 3분 안에 해소하는 걸 목표로 한다.

넷째, 가족과 함께하는 시간을 경이롭게 여긴다. 주말에는 가족과 여행을 가거나, 함께 취미 활동을 즐긴다. 월 1회 봉사와 산행도 함께 한다.

다섯째, 정기적으로 자기 성찰의 시간을 갖는다. 내가 무엇을 위해 일하고, 어떤 삶을 살고 싶은지 매일 점검한다. 마음 챙김 명상과 일기 쓰기는 이미 중요한 루틴이 되었다.

이렇게 조금씩 일과 삶의 균형을 맞춰가고 있다. 아직도 어려운 순간이 많지만, 포기하지 않고 나아가고 있다. 우리는 일하기 위해 태어난 것이 아니다. 행복하기 위해 살아가는 것이다. 일과 삶의 균형을 맞추는 게 쉽지 않지만, 불가능한 일도 아니다. 용기 내어 변화를 시도했다. 내 삶을 주체적으로 이끌 수 있다고 확신한다. 몸과 마음을 지키는 무기를 갖추고, 나만의 길을 걷는 거야말로 내가 선택한 삶의 방식이다.

몇 년 전, 강의장에서 한 50대 여성 CEO가 애프터를 신청했다. 70여 명의 직원이 있는 회사를 경영하는 대표였다. 짧게 대화를 나누었다. 그녀는 꿈과 현실 사이에서 갈등을 드러냈다. 마음 한구석엔 오래전부터 간직해 온 꿈이 있었다. "대표님이 정말로 원하는 게 무엇인가요? 그리고 그걸 이루기 위해 지금 무엇을 할 수 있지요?" 잠시 생각에 잠기더니, 조심스레 대답했다. "저는 글 쓰는 게 좋아요. 하지만 어떻게 시작해야 할지 모르겠어요." 하루에 단 10분이라도 글 쓰는 습관을 들여 보라고 권했다. 작게라도 시작해야 꿈이 현실이 된다는 말도 덧붙였다. 알았다는 듯, 단호한 표정으로 고개를 격하게 흔들었다. 지금, 그녀는 어엿한 작가로 활동 중이다. 그 모습을 보며 지금보다 더 단단히, 더 나답게 살아가자고 다짐했다.

일에 대한 시각은 분명 달라졌다. 일은 삶의 중요한 일부일 뿐, 결코 전부가 되어서는 안 된다. 균형을 지키는 사람만이 건강과 행복을 누릴 수 있다. 내가 아는 한 선배는 대기업 임원이다. 주중엔 치열하게 일하지만, 금요일 밤이면 카메라를 들고 산에 간다. 주말 내내 안개 속 풍경을 찍는다. 그 시간만큼은 회사원이 아닌 '사진가'로 산다. 또 다른 지인은 매일 아침 출근 전 30분을 아이와 동네를 산책한다. 바쁜 직장인에게는 사소해 보일 수 있다. 그렇지만 그는 그 시간이 하루를 버티게 해준다고 말했다. 이처럼 작은 균형들이 모여 삶을 지탱하는 힘이 된다.

몸과 마음을 지키는 무기를 갖추고, 자신만의 길을 걸어가는 것! 그것이 진짜 풍요로운 삶이다. 프랑스 철학자 볼테르는 말했다. "일은 우리를 세 가지 큰 재앙으로부터 지켜준다. 지루함, 악덕, 그리고 궁핍. 하지만 일에만 매달리면, 우리는 또 다른 재앙을 맞게 된다. 바로 삶을 잃는 것이다." 단언컨대, 우리는 일하기 위해 태어난 존재가 아니다. 행복하기 위해 태어났다. 일에서 잠시 물러나 사랑하는 이들과 함께 웃는 시간, 혼자 차분히 차를 마시며 마음을 들여다보는 순간, 좋아하는 일을 새롭게 시도하는 설렘. 이 모든 순간이 모여 삶을 더 아름답고 의미 있게 만든다. 일은 나를 살리지만, 행복은 나를 숨 쉬게 한다. 끝내 삶을 지키는 힘은 균형이다.

4
'바빠 죽겠다'는 말의 의미

바쁨은 게으름의 또 다른 얼굴이다. 중요한 것을 외면하는 가장 교묘한 방법이다.

쇠렌 키에르케고르

"아, 바빠 죽겠어."

입에 달고 살던 말이었다. 하루에도 수십 통의 전화, 몇 시간씩 이어지는 회의와 강의, 끝도 없이 쏟아지는 메일과 보고서들…. 바쁘다는 사실에 일종의 자부심을 느끼곤 했다. "교수님, 정말 바쁘시죠?"라는 말을 들을 때면 괜스레 뿌듯했다. 내 존재가 꼭 필요하고, 중요한 사람이 된 것처럼 착각했다.

언젠가부터 '바쁨'이라는 단어에 대한 인식이 조금씩 달라졌다. 나는 왜 이렇게 바쁘게 살아야 하지? 정말 어쩔 수 없는 걸까? 아니면 내가 스스로 바빠지고 싶어 그런 건 아닐까? 질문을 던졌을 때, 예상치 못한 답과 마주했다. 바쁨, 그 자체를 일종의 정체성으로 삼고 있었던 거다. 바쁘지 않으면 내가 하찮아질까 두려웠고, 일정이 꽉 차야만 마음이 놓였다. 여유가 생기면 오히려 불안했다. 스스로 만든 강박의 노예였다.

  기억에 남는 사건이 있다. 고등학교 시절부터 20년 가까이 인연을 이어온 친구가 결혼한다고 연락을 해왔다. 기쁨과 아픔을 나누고, 인생의 고비마다 곁을 지켜준 그런 친구였다. 결혼식 축사를 부탁했지만, 가지 못했다. 그날은 지방 강연이 있었고, 다음 날엔 연구 발표가 예정돼 있었다. 출장지에서 돌아온 시간은 이미 늦은 밤이었다. 호텔 방에 도착하자마자 축하 메시지를 보냈다. 친구는 고맙다고 답했지만, 마음이 편치 않았다.

  잠시 후, 식장에서 찍은 단체 사진이 도착했다. 환한 미소로 둘러앉은 친구와 가족들, 축복이 가득한 장면. 그 속에 나는 없었다. 특히 축사를 부탁할 만큼 마음을 내주었던 그 자리에, 내가 없었다는 사실이 뼈아프게 다가왔다. 또다시 인생의 중요한 순간을 놓쳐버린 거다.

  그날 밤, 침대에 누워 천장을 바라보며 좀처럼 눈을 감지 못했다. 나에게 물었다. 왜 난 항상 바쁘지? 이 바쁨은 어디에서 오는 걸까? 코치로서의 책임감, 강사로서의 사명감, 사회단체에서 맡은 역할들…. 겉으로 내세울 이유는 많았다. 근본적인 원인은 내 안에 있었다. 멈추면 안 된다는 두려움, 성과가 없으면 가치가 없다는 생각, 타인의 기대를 저버

릴 수 없다는 압박. 모든 건 내 안에서 만들어 낸 끊임없는 자극이었다. 내가 만든 강박에 길들여진 채.

바쁘다는 의미를 새롭게 정의했다. 바쁨은 존재감을 증명하는 수단이 아니었다. 오히려 진짜로 중요한 무언가를 놓치고 있다는 신호였다. 가족과 함께하는 저녁 식사를 건너뛴 일, 글 한 꼭지 쓰는 데 며칠씩 걸린 일, 책 한 권 읽을 여유도 없는 나날들, 그리고 내 감정을 들여다볼 시간조차 갖지 못한 찰나들. 바쁨에 밀려 나 자신을 잃고 있었다.

일정표에 여백을 만들었다. 하루 한 시간은 아무것도 하지 않는 시간 확보. 일주일에 하루는 어떤 약속도 잡지 않는 '쉼의 날'로 정했다. 처음엔 불안했다. 정말 이렇게 쉬어도 되나? 무언가를 놓치고 있는 건 아닐까? 일정을 비우는 것이 오히려 죄책감처럼 느껴졌다. 한 시간이면 할 수 있는 일이 얼마나 많은데. 그 시간을 비워둔다는 게 낭비 같았다. 마음을 고쳐먹었다. 의식적으로 받아들이기로 했다.

우선 오랫동안 써온 10년 다이어리를 내려놓았다. 매일 해야 할 일로 빼곡히 채워왔던 다이어리. 정작 그 안에 '나'는 없었다. 다이어리를 덮는 게 맞다. 이제는 나를 위한 공간을 남겨야 할 때다.

하루에 한 시간, 아무것도 하지 않는 시간을 만들었다. 처음엔 무의식적으로 스마트폰을 들여다봤다. 뭔가 해야 할 일을 찾아 헤매기도 했다. 점점 그 시간이 익숙해졌다. 머릿속이 맑아지고 마음이 차분해졌다. 일주일에 한 번, 오롯이 나만의 시간을 가졌다. 반복될수록 나를 회복시키는 귀한 리듬이 생겼다.

오랜만에 들른 집 근처 공원 벤치. 얼굴에 햇살을 맞으며 앉아 있었다. '아무도 날 필요로 하지 않는 이 시간이 참 좋다.' 누구의 시선도, 기대도 없이 나를 온전히 느낄 수 있는 순간이었다.

어느 해 겨울, 3박 4일 동안 명상 캠프에 참여했다. 스마트폰도 꺼두고, 서로 말하지 않는 규칙이 있었다. 처음 도착했을 땐 설렘보다는 두려웠다. 정말 아무 말도 하지 않고, 아무것도 하지 않은 채 3일을 버틸 수 있을까? 등록하고 숙소로 향했다. 눈 덮인 산과 고요한 풍경이 눈에 들어왔다. 다른 세상에 들어온 듯했다. 마음 한편엔 도망치고 싶다는 충동도 있었다.

첫날은 하루 종일 정해진 좌선 시간에 맞춰 앉아 있어야 했다. 식사마저 침묵 속에서 이루어졌다. 아무런 자극도 없는 공간, 세상과 단절된 듯한 고요가 오히려 불안했다. 견디기 힘들었다. 방 안이라 그랬을까. 가슴이 답답했다. 마치 나를 고문하는 것 같았다. 괜히 창밖을 바라보거나 의미 없이 손가락을 움직였다. 머릿속은 여전히 분주했다. 해야 할 일들, 보내지 못한 이메일, 연락하지 못한 사람들의 얼굴이 떠올랐다. 뭔가를 해야만 존재할 수 있다는 강박이 그곳까지 따라온 거다.

이틀째가 되자 조금씩 변화가 생겼다. 무언가를 해야 한다는 초조함이 줄었다. 앉아 있는 순간 그 자체에 집중했다. 내 숨소리에 귀 기울이고, 손끝의 감각을 느꼈다. 마음속 깊은 감정에 조용히 다가갔다. 오랫동안 눌러두었던 외로움, 두려움, 슬픔이 떠올랐다. 억누르지 않고 그저 바라보는 것만으로도 묘한 해방감이 찾아왔다. 나의 진짜 감정, 진짜 욕망을 마주했다.

마지막 날 아침, 눈 덮인 정원을 산책했다. 그동안 일에 찌들어 분주하게 살다 보니 마음의 소리를 듣지 못했다. 바쁘다는 이유로 내면의 신호를 외면했던 거다. 침묵 속에서 나를 또렷이 보았다. '이제 나 좀 돌봐 달라'는 소리 없는 아우성! 자리에 멈춰 서서 하늘을 올려다보았다. 찬바람이 코끝을 스쳤다. 깊게 숨을 들이마셨다. 다짐했다. '바쁘지 않으면 안 되는 나를 내려놓자!'

여전히 해야 할 일은 많다. 바쁘게 사는 대신 균형 있게 사는 게 더 중요하다는 걸 안다. 무엇이 진짜 중요한지 분별하며 살면 된다. 가족과 함께하는 식사, 글을 쓰는 시간, 사색하며 걷는 산책길이 내 삶의 중심이 되었다. 바쁨은 이제 부수적인 요소일 뿐이다. 프랑스 철학자 알랭 드 보통은 말했다. "바쁨은 현대인의 탈출구이자 도피처다. 자신의 삶을 직시하지 않기 위해 우리는 바쁘다." 깊이 공감한다. 그동안 바쁨을 핑계로 내 삶을 회피해 왔다. 더는 도망치지 않는다. 삶을 직시하고, 그 안에 숨은 의미를 찾으려 노력할 뿐.

요즘 나는 "바빠 죽겠어!" 대신 이렇게 말한다. "오늘은 내가 나를 돌보는 날이야!" 그날만큼은 휴대폰을 무음으로 두고, 일정표에 과감하게 빈칸을 남겨둔다. 오랫동안 보고 싶었던 사람을 만나 차를 마시거나, 마음 가는 대로 글을 쓰거나, 아무 목적 없이 거리를 걸을 때도 있다. 그런 시간이 나를 단단하게 회복시킨다. 바쁜 와중에도 나를 잃지 않는 것! 그것이 진짜 성숙이고, 내가 지켜낼 가치다. 바쁨은 나를 증명하지 않는다. 오히려 나를 잃게 만들 수 있다는 사실을 잊지 않으련다. 결국, 삶의 가치는 바쁨을 멈추고 나를 바라보는 그 순간에 깃드니까.

5
'쉼'은 사치가 아닌 생존

때때로 멈추어 서라. 그대의 영혼이 따라올 수 있도록.

인디언 속담

2016년 3월, 어느 주말 오후. 일정이 전혀 없는 하루였다. 일부러 아무것도 하지 않기로 마음먹었다. 커피 한잔을 내려 거실 창가에 앉았지만, 곧 묘한 초조함이 엄습했다. 왠지 모를 불안감 때문일까. 책을 펼쳤는데 몇 줄 읽지 못하고 덮었다. TV 리모컨을 만지작거리다 결국 노트북을 켰다. 할 일은 없었지만, 메일함을 열었다 닫기를 반복했다. 쉬는 법을 잊어버린 사람처럼 허둥댔다. 아무것도 하지 않으면 내가 사라질 것만 같았다. 그저 가만히 있는 것만으로도 무가치해지는 기분. 그날은 '쉼'이 아니라, 존재에 대한 불안과 마주한 시간이었다. 돌이켜보면 내 삶에는 진정한 의미의 휴식이 거의 없었다. 쉬고 있다고 여긴 순간조차 머릿속은 늘 다음 할 일들로 가득했다. 오히려 쉴 때 더 불안했다. 그래서였을까. 일부러 쉬지 않으려 애썼다. 쉬는 시간이 생기면 그 틈을 채우기 위해 스스로 일거리를 만들어 냈다.

무작정 차를 몰았다. 길가의 이정표가 강원도를 가리켰다. 몇 시간 뒤, 강릉 해변에 도착했다. 탁 트인 바다와 차분한 공기, 멀리서 들려오는 사람들의 웃음소리. 정작 내 마음은 그 풍경을 온전히 누리지 못했다. 첫날 밤, 숙소는 고요했다. 이상하게 불편한 감정이 밀려왔다. 전화벨도 울리지 않았고, 노트북도 집에 두고 왔다. 아무도 나를 찾지 않았다. 해방감보다는 왠지 모르게 공허했다. '혹시 이대로 사라지는 건 아닐까?' 근거 없는 두려움이 엄습했다.

밖으로 나가 모래사장을 걸었다. 스마트폰을 꺼내 들었다. 습관처럼 메신저 알림을 확인했다. 이메일 수신함도 열었다 닫았다 반복했다. 특별한 메시지는 없었다. 자꾸만 스마트폰으로 손이 향했다. 문 열린 카페에 들어가 커피 한잔을 주문했다. 멍하니 창밖을 바라보았다. '내가 지금 뭘 하고 있지? 이렇게 시간을 흘려보내도 되나?' 고요하지 않았다. 어쩌다 생긴 틈조차 불안했다. 사실 쉼이 두려웠던 거다. 쉼 속에서 드러날 나 자신과 마주하는 게 무서웠다. 아무것도 하지 않으면 아무 의미 없는 사람처럼 느껴졌으니까.

숙소로 돌아가 침대에 누웠다. 눈을 감고 스스로에게 물었다. 왜 이렇게 쉬는 게 두려운 거지? 무엇을 그렇게 놓치고 싶지 않은 건데? 내 안의 작은 목소리가 속삭였다. '아무것도 하지 않으면, 누구도 널 기억하지 않을 테니까!' 충격이었다. 그동안 얼마나 많은 시간을 인정받기 위한 바쁨에 내어주었던가! 내가 존재하는 이유를 타인의 인정에서만 찾으려 했던 거다. 바로 그것이 쉼을 두려워한 이유였다. 이 사실을 자각한 후, 사색했다. 성취의 양과 속도로 나를 규정하지 않도록, 삶의 속도를 줄여야겠다고.

 다음 날 아침, 다시 해변으로 나갔다. 벤치에 앉아 멍하니 바다를 바라봤다. 파도는 멈추지 않고 부드럽게 밀려왔다가 사라졌다. 그 리듬에 호흡을 맞췄다. 눈을 감고 한참을 그렇게 있었다. 맨발로 모래 위를 걸었다. 차가운 물결이 닿을 때마다 움찔했지만, 이내 익숙해졌다. 묘하게 편안했다. 따뜻한 모래, 차가운 파도, 짭짤한 바닷바람이 섞인 공기…. 감각들을 하나씩 느꼈다. 특별한 일은 일어나지 않았다. 마음 어딘가에서는 무언가가 분명 풀리고 있었다. 이번엔 소나무 숲길로 향했다. 꼬불꼬불 이어진 길을 따라 천천히 걸었다. 오래되어 보이는 나무 그늘에 도착했다. 그곳에 앉아 눈을 감았다. 잡생각으로 집중되지 않았다. 몇 분이 지났을까. 숨소리가 선명해졌다. 천천히 들이마시고 길게 내쉬는 호흡에 집중했다. 점차 마음이 고요해졌다. 낯설었지만, 동시에 그리워했던 감각이었다. 『월든』에서 헨리 데이비드 소로가 말했다. "나는 숲으로 들어갔다. 의도적으로 살기 위해. 삶의 본질만을 마주하고, 그 밖의 것은 모두 밀어내기 위해." 아하! 내가 오랫동안 그리워했던 '쉼'이었다. 내면의 소리에 집중했다. '아, 지금 정말 피곤하구나.' '이 시간은 그저 조용히 있고 싶구나.' '이곳이 천국이구나!' 작은 감정 하나하나를 온전히 느끼고, 바쁜 일상에서 놓쳐왔던 참나와 다시 연결되는 듯했다.

    삶의 태도를 조금씩 바꾸었다. 일정 사이사이에 의도적으로 여백을 만들었다. 하루 중 짧게라도 숨 고를 시간을 마련해 명상, 산책, 독서, 글쓰기로 내면을 들여다보았다. 소소하지만 확실한 쉼의 공간이 되어주었다. 나를 다시 연결하는 작은 의식 같았다. 아이들과 나누는 소소한 대화, 손끝에 감도는 찻잔의 온기, 귀를 타고 스며드는 음악…. 이런 순간들이 내 마음을 단단히 붙잡아 주었다.
    어느 날은 간식을 싸 들고 아이들과 뒷산을 천천히 올랐다. 대화는 특별할 게 없었지만, 그 속엔 웃음이 있었다. 따뜻한 햇살이 뺨 위에 내려앉았다. 이어폰의 잔잔한 피아노 소리가 마음 한 켠을 적셨다. 일기를 쓸 때 종이를 스치는 펜의 감각은 나를 지금 여기에 붙잡아 두었다. 목을 타고 천천히 내려가는 따뜻한 보이차 한 모금은 순간의 평화를 온몸에 전했다. 이 모든 순간이 내 오감을 열어주었고, 나 자신과 더 깊이 연결되었다. 평범한 일상의 순간들이 다시 태어났다. 몸과 마음이 경이로움으로 충만했다. 내가 살아 있다는 증거였다.

    쉰다고 해서 내가 사라지는 게 아니었다. 오히려 쉼 속에서 더 깊은 나를 만날 수 있었다. 예전 같으면 '시간 낭비'라 여겼을 이 여백이, 이젠 내 삶을 단단하게 채워주는 시간이 되었다. 바람이 나뭇잎 사이를 스치며 만드는 바스락거림, 창밖에 번지는 노을빛, 해가 기울며 남기는 마지막 온도…. 이 모든 건 나를 감싸며 '살아 있음'을 일깨웠다.

그렇다. 바쁨은 성과를 만들지만, 쉼은 의미를 만든다. 일과 쉼이 건강하게 맞물릴 때 비로소 '진짜 나'가 모습을 드러낸다. 그 순간부터 내 삶은 단순히 빠르게 움직이는 기계의 톱니가 아니라, 느린 호흡을 품은 하나의 생명체가 된다.

쉼은 방향을 잃은 나를 제자리로 돌아오게 하는 나침반이자, 무너진 마음을 다시 세워주는 생명의 리듬이다. 쉼 없이 달리다 보면 언젠가 나를 잃게 된다. 아무리 많은 성과를 쌓아도, 의미 없이 흘러가는 하루는 공허할 뿐이다. 니체가 말했다.

"휴식할 줄 모르는 사람은 일하는 방법도 모른다."

혹시 쉼이 두려운가? 그렇다면 바쁜 삶의 한복판에서 잠시 멈춰보길 권한다. 아주 작은 숨결 하나가 삶의 흐름을 전혀 다른 길로 이끌 수 있다. 하늘이 바뀌는 속도를 바라보는 시간, 차가운 새벽 공기에 스며드는 호흡, 의자에 기대어 아무 목적 없이 눈을 감는 그 짧은 순간이 삶을 구할 수도 있다.

이제 나는 쉼을 사치라 부르지 않는다. 살아 있기 위해 단연 필요한 숨구멍이다. 더 깊은 나를 발견하게 해주는 선물. 쉼을 두려워하던 그때의 나에게 말해주고 싶다.

"멈춘다고 사라지는 게 아니야. 오히려 그 순간, 네가 가장 또렷하게 살아 있는 거야."

6
돈이 다가 아니었다

돈은 바람과 같다. 붙잡으려 할수록 더 멀리 달아난다.

일본 속담

　50대 중반의 여성을 상담했다. 자수성가한 사업가였다. 겉으로 보기엔 부족함 없는 삶을 사는 듯했다. 그런데 뜻밖에도 그녀는 갑자기 울먹이며 털어놓았다. "전 매일 아침이 두려워요. 그저 돈을 벌기 위한 하루가 또 시작된다고 생각하면 숨이 막혀요. 사람들과 만나는 것도, 일도 다 지치기만 해요." 조심스레 물었다. "언제 가장 행복했나요?" 그녀는 잠시 눈을 감더니, 이렇게 말했다. "아이랑 소풍 갔던 날이요. 햇살 아래 돗자리 깔고 도시락 먹으며 그냥 웃던 그 순간이요." 그 대답이 모든 걸 말해주었다. 행복은 누군가와 함께한 관계와 순간 속에 있다는 것을.
　누구나 한 번쯤은 '돈이 전부는 아닐 텐데.'라는 생각을 해봤을 것이다. 그러나 현실은 그리 간단하지 않다. 우리는 하루 대부분을 일터에서 보내며 생존을 위해 돈을 번다. 돈은 삶을 유지하는 수단이지만, 동시에 사회적 위치와 가치까지 평가하는 잣대가 되기도 한다. '돈보다 중요한 것'이라는 말이 때론 공허한 이상처럼 들리기도 한다. 나 역시 오랫동안 그렇게 생각했다. 어느 순간, 그 무게를 내려놓고 나서야 비로소 진짜 중요한 것을 볼 수 있었다. 돈이 필요 없다는 말이 아니다. 다만 돈보다 더 소중한 게 존재한다는 사실을 깨닫게 되었다.

2018년 봄. 대기업 임원들을 대상으로 2박 3일 프로젝트를 진행했다. 강의가 끝난 뒤, 한 임원이 나를 따로 불러냈다. 진지했다. "교수님, 저는 수십억 원대의 연봉을 받으며 살아왔습니다. 그런데 요즘 아침에 눈을 뜨는 게 이유 없이 괴롭습니다. 왜일까요?" 그의 목소리는 지쳐 있었고, 눈빛은 공허했다. 말을 이었다. "가족과는 밥 한 끼 제대로 먹은 기억이 없고, 아이들은 제 얼굴을 보면 어색해합니다. 아내와는 대화를 거의 하지 않고, 직장에서도 점점 공허함만 커집니다. 이게 제가 바라던 삶은 아니었는데 말입니다." 그는 사회적으로 성공한 사람이었지만, 삶의 본질적인 부분에서 많은 걸 잃고 있었다. 한참을 침묵하던 끝에 조심스레 말을 꺼냈다. "혹시 지금이라도 삶의 속도를 줄이고, 대표님 자신에게 귀 기울여보면 어떨런지요?" 그는 말없이 고개를 끄덕였다.

돈보다 중요한 가치가 무엇인지 보여주는 사례는 많다.

마더 테레사는 가난하고 병든 이들을 위해 평생을 바쳤다. 돈 한 푼

없이도 수많은 사람의 삶을 변화시켰다. 사랑과 봉사의 가치를 몸소 실천했다. 그녀의 삶은 진정한 행복이 돈이나 물질적인 것이 아닌, 타인을 위한 희생과 사랑에서 비롯된다는 사실을 증명했다. 지금도 전 세계 수많은 이들에게 깊은 울림과 영감을 주고 있다.

스티브 잡스 역시 빼놓을 수 없다. 애플을 창업하고, 혁신적인 제품으로 세상을 바꾼 인물이다. 젊은 시절부터 일에 몰두하며, 성공을 위해 모든 걸 걸었다. 그러나 인생 후반, 암 투병을 겪으며 건강과 가족을 소홀히 한 지난날을 후회했다. 그는 마지막 순간까지도 돈보다 소중한 것이 가족, 친구, 그리고 자신의 삶 그 자체라는 메시지를 전하려 했다.

인도의 정신적 지도자 마하트마 간디도 마찬가지다. 그는 부와 명예를 거부하고 소박한 삶을 선택했다. 비폭력과 진리를 지향하며, 인간의 존엄성과 정의를 위해 평생을 헌신했다. 간디의 삶은 돈이나 권력보다 더 중요한 가치가 무엇인지 분명히 보여준다. 진정한 행복은 외부가 아니라 내면에서 비롯된다는 것을 온몸으로 증명했다.

이처럼 행복은 물질적인 풍요가 아니라 건강, 관계, 자아실현, 봉사, 자연 같은 삶의 본질에서 비롯된다. 이러한 가치를 기억하고 돈에 얽매이지 않는다면, 삶은 훨씬 더 단단하고 충만해질 것이다.

나 역시 그랬다. 한때는 대학 강의, 상담, 사회활동, 강연으로 하루를 분 단위로 쪼개며 살았다. 사람들은 나에게 성공했다고 말했다. 그 말에 잠시 안도했다. 어리석었다. 거울 앞에 선 내 모습은 지쳐 있었고, 마음은 공허했다. 자문했다.

'내가 오늘 번 돈보다, 내가 오늘 웃은 횟수가 더 중요한 건 아닐까?'

그렇다. 아이들의 웃음과 남편의 따뜻한 눈빛을 얻을 수 있다면 그것으로 충분하리라. 삶의 우선순위를 다시 세웠다. 아이들과 함께하는 식사 시간을 늘렸다. 아침마다 짧은 명상으로 하루를 열었다. 주 1회 가족과 함께 오름을 오르거나 산책했다. 남편 농장에서 계절의 변화를 느꼈다. 소소한 일상이 내게 진짜 '풍요'를 안겨주었다. 지금도 여전히 일한다. 돈도 번다. 그것이 내 삶의 전부는 아니다. 사랑하는 사람들과의 시간을 풍요롭게 만들기 위한 수단일 뿐이다. 진실을 알아차리니 마음은 더 단단해졌고, 한결 평화로워졌다. 돈이 많다고 해서 인생의 문제가 다 해결되는 것도 아니고, 진정한 행복이 따라오는 것도 아니었다.

나름 충분한 부를 가진 사람들이 주변에 있다. 그들 대부분은 불안 속에 사는 듯했다. 더 많은 것을 얻기 위한 욕망은 오히려 그들의 삶을 더욱 공허하게 만드나 보다. 어느 날, 명상 캠프에서 만난 한 지인과 대화를 나눴다. 직업은 의사였다. 배우자는 국선변호사였고, 판사를 준비 중이라고 했다. 그녀의 모습은 눈에 띄게 귀티가 났다. 얼굴도 빛났다. 그동안 하소연(?)할 상대를 못 찾았다면서 속내를 털어놓았다. "교수님, 저는 돈을 많이 벌었는데 왜 행복하지 않을까요? 뭐가 잘못된 걸까요?" 그 질문은 곧 내 질문이기도 했다. 나 또한 그녀와 다르지 않았다. 순간 나 자신에게 되물었다. '정말 돈보다 더 중요한 건 없을까? 지금까지 내가 쫓아온 돈과 성공이 진정한 행복을 주었던가? 아니면 불안과 스트레스만 더 키운 건 아닐까?' 아하! 답은 분명했다. 돈보다 더 중요한 것은 마음의 평화와 내면의 충만함이었다. 돈으로 살 수 없는 가치, 그거야말로 삶의 본질이었다.

더 이상 돈을 위해 건강과 마음을 더는 희생하지 않겠다고 결심했다. 대신 가족과 함께하는 시간을 늘렸다. 명상과 독서를 통해 내면을 돌봤다. 매달 봉사하며 누군가에게 도움을 주는 기쁨을 누렸다. 글을 쓰며 내 삶을 선택하고 집중했다. 안분지족! 내 분수를 지키며 만족하는 법을 배웠다. 지나간 것은 지나간 대로, 다가올 것은 다가오는 대로, 지금 있는 것은 있는 그대로 받아들였다.

오랜만에 만난 지인이 말했다. "이 선생, 요즘 많이 달라졌어. 예전처럼 치열하게 일하지 않는데도 훨씬 편안해 보여." 그 말이 맞다. 예전엔 돈 벌기 위해 전전긍긍했다. 지금은 돈보다 더 소중한 게 뭔지 안다. 모든 삼라만상은 있는 그대로 안분지족하며, 상생하고 존재하다가 소멸한다는 것을.

내가 진정으로 원하는 것이 무엇인지, 어떻게 살아가야 하는지 나에게 물었다. 답은 거창하지 않았다. 작은 변화가 삶을 바꾼다. 삶의 풍요는 돈으로 채워지지 않는다. 돈으로 살 수 없는 것들이 많다. 가족과 함께하는 시간, 봉사하는 시간, 나 자신을 성찰하는 고요한 시간…. 이런 순간들이 내 삶을 더 깊고 단단하게 인도한다. 그 속에서 사람들에게 선을 베풀고, 그것으로 족히 만족한다. 에픽테토스는 말했다. "부자가 되는 것은 돈이 많아서가 아니라, 욕심이 적어서다." 단언컨대, 돈은 삶의 일부일 뿐 전부가 되어서는 안 된다. 더는 과거의 결핍이나 회한에 연연하지 않고, 욕심에 매이지도 않을 것이다. 대신 지금 이 자리에서 풍요롭고 의미 있는 삶을 창조하는 데 집중하겠다. 그것이 자연에 순응하며 존멸하는 길임이 틀림없기에.

7
누구를 위한 삶인가

자신이 아닌 무엇인가 되려고 애쓰는 순간, 당신은 이미 자신을 잃은 것이다.

에크하르트 톨레

어린 시절엔 부모님의 기대를 충족시키려 애썼다. 학창 시절엔 친구와 선생님의 눈치를 보며 그들의 기대에 부응하려고 노력했다. 사회인이 된 뒤에는 조직의 요구, 사회적 역할, 그리고 좋은 사람이라는 평판…. 그게 뭐라고. 나는 그걸 지키기 위해 살아왔다. 학교에서는 학생들에게 인정받는 교수가 되려 했다. 상담가로서 상대가 원하는 정답을 찾아주려 최선을 다했다. 단체 활동에서도 나보다는 공공의 이익이 우선이었다. 돌이켜보며, 내 삶의 대부분은 나 자신이 아닌 타인을 위해 쓰였다.

병원 형광등 아래 누워 진료를 기다렸다. 숨소리가 얕아지고 심장은 점점 빨라졌다. 의사가 말했다. "원인을 알 수 없습니다. 다만, 과도한 스트레스와 피로가 누적된 결과입니다." 가슴 깊숙이 박혔다. 갑작스러운 충격이었다. 마음속 깊은 곳에서 무언가 떠올랐다. 지금까지 살아온 이 삶이 누구를 위한 것이었을까? 정말 나를 위한 삶이었을까? 얼굴이 화끈거리고, 몸은 파르르 떨렸다. 머릿속은 복잡한 질문으로 가득 찼다. 잔잔한 마음을 뒤흔든 거다. 뒤죽박죽이었다. 창백한 병원 벽을 바라보았다. 지난 수십 년이 파노라마처럼 스쳤다. 타인의 기대를 충족시키려 애쓰던 나, 인정받기 위해 존재를 증명하려던 나, 박수를 받기 위해 달리기만 했던 나…. 그 긴 세월 동안 단 한 번이라도 내 마음이 어떤지 물어본 적이 있었던가? 그렇다. 난 늘 외부의 기준에 맞춰 삶을 정의했다. 성공이란, 누군가의 인정과 부러움 속에서 증명되리라 믿었다. 그 기준을 채우기 위해 나를 몰아붙였다. 병원 침대 위에서 느꼈던 피로감은 분명했다. 외적 성취는 내 안의 공허함을 결코 채우지 못한다는 것을. 차갑게 식어버린 마음, 귀에 맴도는 의료기기의 삐 소리, 팔을 타고 흘러내리던 링거 줄…. 그 밤, 결심했다. 이제는, 진짜 나를 위한 삶을 살아야겠다고.

타인의 기대에 부응하는 삶에 익숙해져 있었다. 그 안에 빠져 허우적거린 거다. 어린 시절, 말괄량이였지만 늘 '착한 아이'라는 틀을 벗어나지 않으려 애썼다. 성인이 되어서는 사회적 인정이 전부인 듯, 스스로를 끊임없이 밀어붙였다. 칭찬 한마디에 들떴다. 누군가의 실망스러운 표정이나 차가운 말 한마디에 며칠을 자책했다. 타인의 시선에 그렇게 길들여진 채, 내 존재의 가치를 외부로부터만 확인받고 있었다. 일희일비하며.

외부의 기준은 끊임없이 나를 평가했다. 좋은? 직장, 높은? 지위, 빠른? 성과, 화려한? 스펙 등. 그것들이 성공의 증표라고 여겼다. 정작 내가 정말 원하는 게 뭐냐고 묻는 일이 없었다. 좋아하는 일, 마음이 끌리는 순간, 편안함을 느끼는 시간은 자꾸만 뒤로 밀려났다. 그래서였을까. 이상하게도 공허했다. 밤늦게 연구실에 남아 강의를 준비할 때는 몰랐다. 겉으로 웃으면서도 속은 텅 비어 있었다. 모든 순간이 어딘가 잘못된 방향으로 달리고 있다는 신호였는데, 애써 외면했다.

시간이 흘러서야 깨달았다. 외부의 인정과 성취는 잠깐의 위안일 뿐, 지속적인 만족이나 평온을 줄 수 없다는 사실을. 진짜 행복은 내 마음 깊은 곳에서부터 우러나오는 것임을. 남이 아닌 오직 나의 기준에서 비롯된다는 것을.

코칭 워크숍에서 한 여성을 만났다. 대기업에서 20년 넘게 일한 커리어우먼이었다. 수차례의 승진과 성과 보너스, 해외 출장까지 마다하지 않았다고 했다. 그야말로 성공의 상징 같은 사람이었다. 어느 날, 모든 걸 내려놓고 충청도의 작은 시골 마을로 내려갔다. 안정된 연봉과 도시 생활을 과감히 접고 떠났다. 그녀가 선택한 건 소박한 집 한 채와 텃밭,

그리고 매일의 산책이었다.

　오랜만에 지인으로부터 전화가 왔다. "쌤, 이제는 누군가의 딸이나 직원이 아니라, 그냥 나로 살고 싶어요. 더 이상 기대를 채우기 위해 애쓰고 싶지 않아요. 원하는 시간에 일어나 내가 좋아하는 거 하며 살려고요. 내 속도를 따라가는 게 내 삶의 중심이 됐으면 해요." 깊게 와닿았다. 그것은 곧 나의 갈망이었다. '나도 그렇게 살 수 있을까? 나 자신만을 위한 삶을 살아볼 수 있을까? 누군가의 엄마, 교수, 조력자가 아니라 그냥 나로 존재할 수 있을까?' 마음속 깊은 곳에서 뿌리처럼 자리 잡은 질문들이었다.

　남의 시선과 기대에서 한 발짝 물러서기로 했다. 어색했다. 좀처럼 가닥이 잡히지 않았다. 나를 바라보던 익숙한 시선들, 오랫동안 내가 유지해 온 좋은 사람, 성실한 교수, 수용적인 상담가라는 이미지가 무너지진 않을까 두려웠다. 내가 걷는 길이 맞는지도 확신할 수 없었다. 나에게 물었다. '지금, 나는 무엇을 하고 싶은가?'

　작은 실천을 시작했다. 매일 아침 작은 다이어리에 오늘 하고 싶은 일을 하나씩 적었다. 동네 한 바퀴 돌기, 차 한잔 내려 책 읽기, 좋아하는 음악 들으며 산책하기 등등. 바쁘다는 이유로 미뤄왔던 소박한 일들이었다. 또 하루에 한 시간씩 글을 썼다. 출판을 위한 원고도, 강의 자료도 아니었다. 그저 내 마음 상태를 담은 일기 같은 글이었다. 메모든 낙서든 상관없었다. 종이에 마음을 옮겨 적는 동안, 비로소 나와 만날 수 있었다. 아울러 저녁 명상도 도움이 됐다. 단조의 음악을 틀어놓고 등을 곧게 세운 채 눈을 감고 앉았다. 처음엔 생각이 떠올라 집중이 어려웠다. 시간이 지나면서 익숙해졌다. 그간의 억눌렸던 외로움, 잊혀 버린 열망, 작게 속삭이던 바람들이 서서히 떠올랐다. 그것들을 외면하지 않고 오롯이 받아들이려 애썼다. 내면으로 들어갈수록, 외부의 시선이 점점 희미해졌다. 나에 대한 확신이 조금씩 생겼다. 두려움도 점점 사라졌다. 마음이 편안했다. 이만하면 대만족이었다. 더는 누군가의 기대에 맞추어 움직이는 사람이 아니었다. 오랜 시간 떠돌던 내가 비로소 제자리로 돌아왔다. 내 삶의 방향타는 이제 내가 쥔 거나 다름없었다.

  일상의 중심을 나에게로 옮겼다. 타인의 평가보다 내가 느끼는 만족과 기쁨으로 삶을 채운다. 예전처럼 누군가에게 잘 보이기 위해 선택하지 않는다. 오직 내 마음이 두근거리는 선택을 따른다. 하고 싶지 않은 회의는 단호히 불참 의사를 밝혔다. 주말에는 오롯이 나만을 위한 시간을 확보했다. 작은 변화들이 모여 삶의 결을 바꿨다. 삶을 대하는 태도도 한결 가벼워졌다. 지금의 삶은 분명 내 거다.
  물론 누군가를 돕는 삶도 가치 있다. 그러나 진정한 자기 사랑과 존중은 '나를 위한 삶'을 살아낼 때 비로소 가능하다. 자기다움을 잃지 않는 삶이야말로 진짜 성공이었다. 김영하 작가의 『단 한 번의 삶』이라는 책 제목처럼, 인생은 단 한 번뿐이다. 반복되지 않는 삶에서 타인의 기준이 아닌 나답게 사는 게 살아 있는 인생 아니겠는가.

알버트 아인슈타인의 말이 떠올랐다. "가장 중요한 것은 질문을 멈추지 않는 것이다. 호기심은 그 자체만으로도 존재 이유가 있다." 그렇다. 질문을 멈추지 않는 한 길을 잃지 않는다. 가장 단단한 나로 만들어 줄 테니까. 바쁜 일정에 예상치 못한 제안을 받았을 때, 마음속으로 되묻는다.

'지금 이 선택은 내 마음에서 비롯된 것인가, 아니면 여전히 누군가의 기대를 의식한 것인가?'

단번에 "Yes!" 대답할 수 있는 날은 마음이 한없이 가볍고 고요하다. 진정한 평화는 외부의 조건에서 오는 게 아니다. 오롯이 나의 선택에서 온다. 내가 나에게 정직하게 살아가고 있다는 확신이 들 때, 그 어떤 성취보다 더 깊은 만족감이 깃든다. 다시 묻는다.

"지금, 나는 진짜 나로 살고 있는가?"

8
오늘을 살아야 하는 이유

삶은 오늘이라는 작은 하루 속에 있다.

마르쿠스 아우렐리우스

1998년 가을. 졸업을 앞두고 신협에 입사했다. 원래는 공부를 더 하고 싶었지만, 부모님의 권유를 따랐다. 대신 마음을 달리 먹었다. 성공과 인정, 의미 있는 존재가 되는 걸 삶의 이유로 삼기로.

매일 새벽 5시에 일어나 출근했다. 퇴근 후엔 동네 조합원들을 찾아 뵈며 안부를 물었다. 교육이란 교육은 빠짐없이 들었다. 대졸 신입사원이라 열심히 일한다는 소문이 이사회에 퍼졌다. 잠이 부족해 머리가 띵하고, 컴퓨터를 너무 많이 해서 손가락이 아플 지경인데도, 인정받는 기쁨이 모든 피로를 덮었다. 상사, 동료, 후배들까지 "너 없으면 신협이 안 돌아간다." 말했다. 나는 그곳에서 점점 '의미 있는 존재'가 되어 가고 있었다.

학술 세미나에서 연구 논문을 발표했을 때도 마찬가지였다. 수많은 참석자 앞에서 자신 있게 주제를 설명했다. 발표가 끝난 뒤 박수가 이어졌다. 동료 교수들은 격려해 주었다. 학생들도 엄지를 치켜들었다. 종일 어수선한 일정을 마무리하고 숙소로 돌아왔다. 문을 닫는 순간, 이유 모를 공허함이 밀려왔다. 정장 재킷을 벗어 옷걸이에 걸며 창밖을 바라보았다. '왜 이렇게 외로운 거지?'

성공의 순간은 늘 짧았다. 다음 목표는 이미 정해져 있었다. 쉬어야 할 타이밍이었지만 마음 한편에서 '더 해야 한다!' 소리가 울렸다. 하루하루가 전쟁이었다. 아침에 눈을 뜨는 게 두려웠다. 저녁엔 기진맥진한 채 침대에 몸을 던졌다. 이거 내 인생이 맞는 걸까? 아니면 남들이 짜놓은 성공의 길을 따라가는 것뿐일까? 머릿속이 복잡했다.

삶의 궤적을 다시 살펴보았다. 변화의 출발점이다. 타인의 인정이나 사회적 성공은 내 삶의 이유가 될 수 없었다. 오히려 외부의 목표들이 나를 더 큰 불안과 스트레스로 몰아넣고 있다니. 바꾸기로 했다. 작지만 확실한 행복과 내면의 평화를 추구하기로.

명상 센터에서 만난 도반과 대화했다. 마음을 흔들었다. 그는 내 삶의 흔적과 비슷한 경험을 했던 사람이었다. 성공, 돈, 명예를 좇아 끊임없이 달렸지만, 어느 순간 모두 의미 없게 느껴졌다고 고백했다. 그러고는 낮은 목소리로 물었다. "지금 행복하신가요? 오늘을 살아가는 진짜 이유가 뭔가요?" 한 대 얻어맞은 듯 나를 세게 흔들었다. 하루를 견디는

데 익숙했지, 왜 살아가는지를 진지하게 생각해 본 적은 없었다. 그제야 깨달았다. 내 인생은 내 것이어야 한다는 것을. 남이 원하는 삶이 아니라 내가 원하는 삶을 살아야 한다는 것을.

    일상을 다시 설계했다. 아침에 눈 뜨면 물었다. "오늘 나는 어떤 하루를 살고 싶은가?" 커튼 사이로 들어오는 햇살이 눈꺼풀 위에 내려앉는다. 창문을 열었다. 찬 공기 속에 섞인 나무 냄새, 습기 어린 공기가 폐 깊숙이 스며든다. 물을 끓이고 보이차를 우려 잔에 따른다. 단조의 잔잔한 음악을 틀어놓고 두 손으로 찻잔을 감싼 채 숨을 고른다. 오늘 하루의 방향을 천천히 마음에 그려본다. 이따금 눈을 감고 깊게 숨을 들이쉰다. 하루를 차분하게 열어주는 나만의 루틴이다. 귀 기울이면 새소리가 귓가를 간질인다. 창밖에서 들려오는 참새들의 지저귐, 간간이 지나가는 자동차 바퀴 소리까지도 다르게 들린다. 외부의 소리를 넘어 내 안의 소리에 집중했다.

    언젠가부터 하루에 한 시간은 꼭 밖으로 나간다. 아파트 근처 성서천을 따라 걷다 보면 마음이 편안해진다. 발밑에서 바스락거리는 낙엽 소리조차 위로가 된다. 어떤 날은 근처의 아담한 카페에 들른다. 창가 자리에 앉아 책을 펼친다. 책장 넘기는 소리와 커피 향, 낮은 목소리로 나누는 대화 속에서 오히려 깊은 고요를 경험하다. 재충전하는 시간이다.

    한번은 오후 햇살을 받으며 걷다가 멈췄다. 의자에 앉아 멍하니 하늘을 바라본 적이 있다. 별다른 이유 없이 눈물이 흘렀다. 아파서도, 슬퍼서도 아니었다. 그냥, 지금 이 순간을 살고 있다는 사실이 고맙고 벅차서였다. 진짜 살아 있음을 느꼈다.

"이거 눈 매운데요~"
아들과 함께 저녁을 준비할 때였다. 파를 다듬던 아들이 눈을 찡끔거렸다. 부엌은 금세 파 향으로 가득했다. 얼른 환풍기를 켰다. 김을 굽고, 된장국을 끓였다. 보글보글 끓는 국에서 하얀 김이 올라왔다. 국간장을 한 숟갈 더 넣자 구수한 향이 퍼졌다. 환풍기에서 나오는 주황빛 조명이 따뜻하게 느껴졌다. 프라이팬에서 고기 기름이 튀는 소리에 아들 눈동자가 동그래졌다. 마치 오래된 영화의 한 장면 같았다.
식탁에 나란히 앉아 따끈한 밥을 한술 떠먹었다. 평소 말이 없던 아들이 오늘따라 조잘조잘 학교에서 있었던 일을 이야기한다. 고개를 끄덕이며 귀 기울일 뿐이었다. 멸치볶음을 건네며 "이것도 먹어봐." 하던 순간, 알았다. 지금 이 자리가, 이 시간이 바로 나를 살아 있게 하는 이유란 것을. 우리는 사랑받고 있고, 사랑하고 있다는 것을. 아울러 서로의 존재를 더욱 단단하게 해준다는 것을.

하루의 끝에는 일기를 쓴다. 아이들이 각자 자기 방으로 들어가면 집안은 고요하다. 거실의 조명을 희미하게 켜고 방으로 들어가 책상 앞에 앉는다. 따뜻한 차 한잔을 준비해 옆에 두는 날도 있다. 오늘 하루의 순간들을 하나씩 떠올린다. 손끝에 닿는 종이의 질감, 연필이 종이를 긁는 소리조차 위로가 된다. '오늘 가장 행복했던 순간은 언제였지? 오늘 내가 나답게 살았나?' 나에게 질문한다. 이어서 오늘 경험한 걸 쓴다. 내 마음의 잔잔한 울림까지 들여다보며 적어 내려간다. 아침 햇살을 마주한 순간, 아이들과 웃으며 먹었던 저녁, 또는 그저 나 자신과 조용히 마주했던 명상의 순간을 떠올린다. 작은 떨림 하나까지 기록한다. 글을 마무리할 즈음 나에게 속삭인다. '은정아, 오늘도 잘 살았어!' 하루의 끝을 평화롭게 감싸주는 한마디다. 내일을 살아갈 힘이 되어준다. 하루하루를 돌아보며 지금 순간을 충실히 살아가고 있음을. 오늘이라는 시간이 결코 당연한 것이 아님을 마음 깊이 새긴다.

산다는 건 거대한 프로젝트도 끝없는 목표 달성도 아니다. 하루하루를 온전히 살아내는 여정이다. 버텨야만 했던 하루가 이제는 기다려지는 하루로 바뀌었다. 의무로 채워졌던 시간은 점차 설렘으로 채워졌다. 아침에 눈을 뜰 때, 오늘 내가 마주할 순간들을 기대한다. 저녁이 되면 그날의 나를 미소로 떠올린다. 세상의 속도가 아무리 빨라도 이제 더는 휘둘리지 않는다. 나를 중심에 두고, 오늘이라는 시간을 내 것으로 만든 결과다. 진정으로 원하는 삶의 결을 조금씩 알아가고 있다. 나로서 존재하기 위함이 아니다. 진짜 나를 만나기 위함이다. 동시에 사랑하는 사람들과 함께 소중한 추억을 새겨가기 위한 선택이기도 하다. 매일 마주하는 삶은 나에게 선물이자 보물이다. 그것이 오늘을 살아야 하는 이유다.

이제, 나를 위해 살아야 한다는 결심

참 오래도 달려왔습니다. 누군가의 기대를 짊어지고, '성공'이라는 이름의 무게를 견디며 하루하루를 살아냈습니다. 많은 것을 이루었지만, 문득 공허했고 소중한 순간들은 자주 스쳐 지나갔습니다.

바쁘게 살았지만, 잘 살고 있는지도 모르겠는 그런 시간들이었습니다.

일도, 성취도, 돈도 중요했습니다.
하지만 어느 날, 그 모든 게 내 마음을 지켜주진 못한다는 걸 알게 되었지요.

그래서 이제는 묻습니다.
"오늘 하루, 나는 나를 위해 살았는가?"
"지금 이 순간, 나는 진짜 나답게 숨 쉬고 있는가?"

늦지 않았습니다.
지금이라도 나를 돌보고, 나를 위해 선택하고, 나를 잃지 않기로 결심하면 됩니다.

그리고 매일 밤, 이 말 하나만 조용히 내 안에 속삭여 주세요.
"오늘, 나는 나를 지키며 살았는가?"
"그렇다면, 오늘도 잘 살아낸 거야."

오늘도 나에게 안부를 묻는다

무작정 달려온 시간들,
나는 누구를 위해 살아왔던가.

이제는,
나를 위해 멈추고,
나를 위해 다시 걷는다.

오늘 하루,
나를 지켰다면
그것으로 충분하다.

두 번째 안녕

―

나는 안녕하지 못했다

> Q1 몸과 마음이 '안녕하지 못하다'고 말한 순간이 있나요?
> Q2 겉으로 웃음을 지으면서도, 속으로는 무너졌던 경험이 있나요?
> Q3 안녕하지 못했던 기억은 지금, 어떤 배움의 순간이 되어 있나요?

1
집 밖을 나갈 수가 없었다

상처는 빛이 들어오는 자리다.

루미

"이 선생, 그러면 안 되는 거였어!"

속 얘기를 나누던 교수가 말했다. 그동안 그럴 수도 있다고 생각했다. 남편이 부정적으로 말해도 '설마 그럴 리가.' 하며 넘겼다. 지인들의 격려도 있었고, 학교 안팎의 기대도 컸다. 모든 준비를 마쳤고 가능성도 있다고 여겼다. 그런데 뜻밖이었다. 다른 대학에 원서를 넣으라니. 수년간 준비해 온 길이었는데, 시도조차 해보지 못하다니. 믿었던 사람이 등을 돌린 듯한 기분이었다.

이틀 동안 아무것도 먹지 못한 채 이불 속에만 누워 있었다. 한 번씩 몸에 열이 화끈거려 이불을 걷어차고 벌떡 일어나 냉장고에서 찬물을 꺼내 들이켰다. 코끝에서 뜨거운 김이 새어 나올 때는 내가 맞는지도 의심스러웠다. 남편이 괜찮냐고 묻자, 버럭 소리쳤다. "안 괜찮으면 어쩌겠어. 짜증 나니까 말 시키지 마!" 죄 없는 남편에게 쏘아붙이고는 방문을 쾅 닫았다. 더는 누구도 믿을 수 없었다. 사회 시스템마저 원망스러웠다. 그동안 나는 대체 무엇을 위해 이렇게 애썼단 말인가.

 2015년 가을, 교수 임용이 좌절되었다. 모든 게 무의미해졌다. 하루하루가 어떻게 흘러갔는지도 기억나지 않는다. 점점 움츠러들었고, 사람 만나는 게 두려웠다. 누군가 내 상황을 물을까 봐. 길을 나서는 것조차 무서웠다. 현관 앞에서 발이 떨어지지 않았다. 어느 날은 운동화를 신었다가 이내 다시 벗었다. 소파에 앉아 하루 종일 꼼짝도 하지 못했다.
 몸도 이상했다. 예고 없이 심장이 두근거렸다. 갑자기 숨이 차오르기도 했다. 소화가 안 되고, 밤이 와도 잠은 오지 않았다. 머리는 죄어 오는 듯 아팠다. 눈을 감으면 고막 속에서 두근거리는 맥박이 들렸다. 빛만 스쳐도 이마와 눈 사이가 욱신거렸다. 가장 견디기 힘든 건 설명할 수 없는 두통이었다. 마치 쇠구슬이 이마 한가운데에서 천천히 회전하는 듯한 통증. 움직이면 속이 메스껍고, 누워 있어도 이불이 몸을 짓누르는 듯했다. 체중은 줄고 몸은 말라갔다.
 병원을 찾았다. 의사가 말했다. "증상은 있으신데, 명확한 원인을 알 수 없네요." CT, MRI, 심전도, 위와 대장내시경까지 다 받았다. 모두 정상이었다. 대신 위장약, 수면유도제, 불안완화제, 심신 안정제 등 다양한 약을 처방받았다. 약이 내 몸에 어떻게 작용하는지도 모른 채 삼켰다. 마치 마루타가 된 듯. 하루에도 몇 번씩 내 몸의 반응인지, 약의 반응인지 헷갈렸다. 더 괴로운 건 아프다고 제대로 말할 수 없다는 사실이었다. 보름 만에 퇴원 수속. 의사는 심각하지 않은 듯 가볍게 말했다. "정신적인 스트레스 때문일 수도 있겠습니다." 뭐지? 병명 없는 병. 설명할 수 없는 무기력. 눈에 보이지 않는 고통. 그 말 한마디는 오히려 나를 더욱 부끄럽게 만들었다.

퇴원 후 며칠이 지났다. 평소와 다름없이 눈을 떴지만, 그날은 뭔가 달랐다. 가슴이 두근거리고 숨이 막혔다. 몸이 움직이지 않았다. 침대에서 내려가야 한다는 생각은 했지만, 도저히 일어날 수 없었다. 집안의 모든 소리가 귀에 거슬렸다. 시계 초침 소리조차 괴로웠다. 왜지? 이유가 뭐지? 스스로를 탓했다. 강인하고 독립적인 사람이라 자부해 왔는데. 하루아침에 이런 상태가 되다니 믿기지 않았다.

아마 몸이 아니라 마음이 무거웠던 것일지도 모른다. 바닥에 눌린 듯 이불 안에 갇혀 있었다. 머리맡 창문 사이로 햇살이 들어왔지만, 그건 희망이 아니라 부담이었다. 오늘 하루도 버텨야 한다는 생각만으로도 숨이 막혔다. 간신히 거실로 몸을 끌고 나왔지만, 현관문은 끝내 열지 못했다. 도어락 소리는 위협처럼 들렸다. 전화벨 소리조차 두려워 핸드폰 전원을 꺼버렸다. 커튼을 닫았다. 문을 열면 다시 학교로 돌아가야 할지도 모른다는 생각 때문이었다. 그 세계로부터 도망치고 싶었다. 결국 다시 방으로 들어가 문을 걸어 잠갔다.

일주일, 보름, 한 달. 시간이 흘렀다. 명상조차 힘겨웠다. 억지로 숨을 고르며 멍하니 앉아 있을 뿐이었다. 눈을 감으면 도망치고 싶었던 기억과 외면해 온 감정이 스쳤다. 눈물조차 나오지 않았다. 처음에는 피곤해서 그런가 했다. 일시적인 증상이라 여겼다. 갈수록 심해졌다. 집 밖은 커녕 방을 나가는 것도 힘들었다. 현관에서 신발을 신는 것도, 엘리베이터를 타는 것도 도전이었다. 일상생활 불가능. 결국 모든 강의와 약속을 취소했다. 전화벨 소리만 울려도 심장이 뛰었다. 남편의 위로조차 마음에 닿지 않았다. 점점 고립되어 갔다.

"지금 난 어디에 있는가?"

종이와 펜을 꺼내 한 문장을 적었다. 눈물이 뚝 떨어졌다. 감정은 살아 있었다. 다만 너무 오래 눌러두었을 뿐이었다. 이대로 멈출 수는 없다고 느꼈다. 무언가 달라져야 했다. 공간을 바꿔야겠다고 생각했다. 지금 이 집은 실패와 두려움이 각인된 장소였다. 결국 이사를 결심했다. 살기 위한 이동이었다. 짐을 싸며 마음도 함께 정리되었다. 수많은 서류와 책, 낡은 노트 속에 담긴 지난 시간들을 하나씩 정리하며 내가 얼마나 지쳐 있었는지 비로소 깨달았다.

서울을 몇 차례 오가며 집을 알아봤다. 공항에서 가까운 일산. 도시이면서도 시골 같은 분위기에 끌렸다. 아이들 전학도 고려해 이듬해 2월 이사했다. 새집은 조용했다. 창문을 열자, 찬바람이 들어왔다. 바닥은 낯설 만큼 깨끗했다. 짐이 다 정리되지 않았지만 한참을 멍하니 앉아 있었다. 조용히 숨을 들이마셨다.

'아, 나… 살아 있구나.' 비로소 나만의 쉼이 생겼다.

이듬해 봄. 딱히 아픈 곳은 없었지만, 몸이 이상하리만큼 둔해지고 무기력해졌다. 의사는 정밀 검사를 권했다. 막연한 불안과 두려움이 몰려왔다. '이제 정말 끝일지도 몰라.' 진단서를 들고 세브란스로 향했다. MRI 촬영 결과, 뇌종양이었다. 그날 집으로 어떻게 돌아왔는지조차 기억나지 않는다. 다시 집 밖을 나가지 못했다. '종양'이라는 단어가 머릿속에서 둥둥 맴돌았다. 두통은 더욱 심해졌다. 몸은 바닥에 붙은 듯 움직일 수 없었다. 가족이 알게 되었고, 모두가 수술을 반대했다. 그렇게 투병이 시작되었다.

"아이들도 아직 어린데, 살려고 이사까지 왔는데…." 정신을 차려야 했다. 의자에 앉아 눈을 감았다. 숨을 짧게 들이쉬고 내쉬었다. 명상은 막막한 나를 붙잡아 주었다. 여전히 이유 없이 가슴이 답답했고, 망치로 머리를 때리는 듯한 두통이 찾아왔다. 매트를 깔고 앉아 몸을 살폈다. 매일 새벽 108배를 하며 버텼다. 조금씩 식욕이 돌아왔고, 밤이 되면 자연스레 졸렸다.

어느 날 조심스럽게 현관문을 열었다. 맑은 공기가 폐 깊숙이 들어왔다. 가슴이 먹먹했다. 한 걸음 내딛는 데 오래 걸렸다. 천천히 눈을 감았다. 햇살은 따스했고 바람은 찼다. 눈가가 뜨거워졌다. 끝내 울음이 터져 나왔다. 누가 보든 말든 상관없었다.

집 밖으로 나가지 못했던 날들, 이제 더는 부끄럽지 않다. 그것은 내 성장의 시작점이었다. 나는 아직 완전히 회복되지 않았지만, 매일 조금씩 단단해지고 있다. 삶은 완벽해서 빛나는 게 아니다. 쓰러져도, 다시 일어나 걸어가는 그 순간이 가장 빛난다. 오늘도 나답게 걸어갈 뿐.

2
늘 외로웠던 내면아이

외로움은 사라져야 할 결핍이 아니라, 우리를 자기 자신에게 이끌어주는 다리다.

헨리 나우웬

쉬는 게 두려웠다. 돌아보니 제대로 쉬어본 적이 거의 없었다. 몸은 가만히 있어도 머릿속은 늘 다음 할 일로 가득했다. 움직임은 줄었지만, 마음은 멈추지 않았다. 어쩌면 의도적으로 휴식을 피했는지도 모른다. 멈추는 순간 내 존재가 작아지고, 결국 사라질 것만 같았다. 버지니아 울프는 '내면의 방'이 없다면 누구도 글을 쓰거나 자신을 가질 수도 없다고 했다. 나에겐 그런 방이 없었다. 쉼 없이 움직이고 무언가를 해내야만 존재의 의미가 있다고 믿었다. 바쁘게 살아야 인정받는다고 여겼고, 바쁘지 않으면 잊힐까 봐 두려웠다.

3월 초, 강의를 마치고 예상보다 일찍 집에 도착했다. 평소라면 새로운 강의안을 준비하거나 다음 주 세미나 자료를 검토했을 거다. 그날은 이상하리만치 아무 일도 계획된 게 없었다. 시간이 비어 있다는 걸 인식하자, 허전함이 밀려왔다.

집 앞 공원으로 나섰다. 눈에 들어온 벤치가 낯설게 느껴졌다. 산책하는 사람도 거의 없었다. 하늘빛은 서서히 붉어지고, 초저녁 바람은 아직 찼다. 나무 냄새가 코끝으로 스며들었다. 책을 꺼내려다 말고, 그대로 멍하니 앉아 있었다. 처음엔 그 시간이 불편했다. 아무것도 하지 않으니 불안했다. 해야 할 일들이 어딘가에서 나를 기다리고 있는 것만 같았다. 시계를 봤다. 초침이 움직이는 걸 말똥말똥 쳐다볼 뿐이었다. 스마트폰을 켰다. 아무런 문자도 카톡도 없었다. 지나가는 사람 하나 없이 조용했다. 찬찬히 마음을 들여다보았다. 근래에 느껴본 적 없는 감정이 올라왔다. 휴가나 여행을 가야만 깨닫는 건 아니다. 어디가 됐든, 잠시 멈출 때 찾아오는 것. 나 자신을 인정하고 받아들이는 시간. 그것이 진짜 쉼이었다.

주 1회, 일부러 아무 약속도 잡지 않았다. 오롯이 혼자만의 시간을 확보했다. 처음엔 시간을 허비하는 것만 같아 어색하고 불안했다. 점점 익숙해졌다. 벤치에 앉아 바람에 흔들리는 나뭇잎 소리를 들으며 호흡을 고르던 중이었다. 내 안의 또 다른 목소리가 들렸다. 어린 시절의 나였다.

눈을 감고 그 아이와 마주했다. 오랜 침묵 끝에 깨달았다. 내가 쉼을 두려워했던 진짜 이유는 바로 그 아이의 외로움 때문이었음을. 늘 바쁘게 움직이고 무언가를 해내며 살아야만 존재의 의미가 있다고 믿었던 건, 그 아이가 느끼던 공허함을 가리기 위해서였다. 그 마음을 오랫동안 외면했다. 인정받기 위해, 잊히지 않기 위해 쉴 틈 없이 달려왔던 거다. 그 아이에게 말했다.

"괜찮아. 아무것도 하지 않아도 돼. 너는 그 자체로 소중해."

내 안의 아이가 미소 짓는 듯했다. 몸의 긴장이 풀리고 마음도 평온해졌다. 그날 이후 산책하고 명상할 때마다 그 아이와 마주했다. 명상은 내 존재를 있는 그대로 받아들이는 시간이었다. 바쁘지 않아도 존재할 수 있음을 알아차렸다. 내 안의 외로운 아이 역시 더 이상 두려움에 떨지 않았다. 아이는 혼자가 아니었다. 나와 연결되고 있었다. 지금의 내 삶을 풍요롭고 따뜻하게 만들어 주는 귀한 선물이었다.

며칠째 우울했다. 마음은 뒤숭숭했고 몸은 무겁게 가라앉았다. 숨을 들이쉴 때마다 더 깊은 바닥으로 끌려 내려가는 듯했다. 방 안은 고요했다. 눈을 감은 채 천천히 일어나 어깨너비만큼 발을 벌리고 섰다. 발밑으로 바닥의 온기를 느끼며 지금 순간에 집중했다. 파도가 물결치듯 몸을 자연스럽게 흔들었다. 손끝이 미세하게 리듬을 탔다. 나뭇잎이 바람에 흔들리듯 움직였다. 서서히 팔과 어깨까지 힘을 빼고 흔들었다. 움직임은 온몸으로 번졌다. 굳어 있던 몸이 느슨해졌다.

코로 깊게 들이마신 시원한 공기가 가슴을 채웠다. 입으로 내쉬자, 한 숨 섞인 따뜻한 기운이 빠져나갔다. 숨이 정화되는 듯했다. 역할, 책임, 꼬리표, 타인의 기대…. 겹겹이 쌓여 있던 것들이 하나씩 흩어졌다. 내가 아닌 모든 걸 벗어던진다는 마음으로 호흡과 움직임의 리듬을 따라 내면의 춤을 추었다. 7분 뒤, 팔다리가 가벼워지고 가슴은 차분해졌다.

2단계는 자유롭게 몸을 맡기는 시간. 음악을 틀자, 생각은 사라지고 몸이 반응했다. 손을 제멋대로 흔들고, 원을 그리며 뛰기도 하고, 발끝으로 빙글빙글 돌았다. 때로는 뛰고, 때로는 기어다녔다. 규칙도 목적도 없었다. 그저 흐름에 몸을 맡겼다. 발이 땅을 딛는 감각, 움직일 때마다 피부를 스치는 미세한 바람, 입가에 번진 웃음. 어느새 웃음이 터져 나왔다. 참을 필요도, 멈출 이유도 없었다. 마음이 원하는 대로 몸은 계속 움직였다. 7분 동안.

3단계. 바닥에 누워 몸을 쉬게 했다. 어린 시절의 나를 만나러 갔다. 숨을 코로 가볍게 들이마시고, 입으로 부드럽게 내쉬기를 몇 차례 반복. 마음속 상상 속 공간으로 들어갔다. 커튼이 드리워진 방, 햇빛이 닿지 않는 구석. 그곳에 무릎을 끌어안은 작은 아이가 웅크리고 있었다. 조심스레 다가가 눈을 마주했다. 아이의 어깨가 떨렸고, 소리 없이 흐느끼고 있었다.

"왜 그렇게 슬프니?"

천천히 고개를 든 아이가 속삭였다.

"아무도 나를 보지 않아. 너무 외로워."

가슴이 철렁 내려앉았다. 아이는 바로 나였다. 어린 시절, 부모님의 기대를 충족시키려 애쓰던 나. 늘 좋은 성적을 받아야 했고, 칭찬을 받아야만 존재할 수 있다고 믿었던 나. 외로움은 있었지만 꺼내지 못했다. 약한 모습을 보이면 안 된다고 배웠기에, 강한 척, 괜찮은 척 살아왔다.

고등학교 1학년, 수학여행 첫날 밤 지갑을 잃어버렸다. 자포자기한 마음으로 아침을 맞았다. 친구들은 삼삼오오 모여 웃고 떠들며 사진을 찍고 있었다. 그 속에서 나는 한쪽 구석에 조용히 앉아 있었다. 설명할 수 없는 고립감과 외로움이 몰려왔다. 그날 처음으로 내 안에 숨어 있는 아이의 존재를 느꼈다. 세상과 단절된 듯, 이유를 알 수 없는 외로움이 나를 휘감았다.

성인이 된 지금도 그 아이는 여전히 내 안에 있었다. 박사학위를 받고 겉보기엔 안정된 삶을 살고 있었다. 마음 깊은 곳에서는 여전히 인정받고 싶고 사랑받고 싶어 했다. 그 갈망은 좀처럼 채워지지 않았다. 내면의 아이는 진심 어린 사과와 위로를 기다리고 있었다.

'괜찮아. 이제는 내가 너와 함께 있어.'

내면의 아이와 끊임없이 대화했다. 명상할 때마다 아이를 떠올렸고, 눈빛을 주고받으며 감정을 나눴다. 함께 울고 함께 웃으며, 그 아이를 위로하고 보듬었다. 어느새 우리는 가까워졌고, 더는 외로움을 감출 필요가 없었다. 그 아이는 숨겨야 할 결핍이 아니었다. 오롯이 안아주어야 할 내 삶의 일부였다.

이제 어른이 되었다. 내면아이를 돌보는 법을 배웠다. 삶은 한층 따뜻해지고, 깊어졌다. 외로움은 여전히 곁에 머문다. 다만 부정하지 않고 받아들인다. 그 감정을 있는 그대로 안아주고 토닥여 줄 수 있다. 진정으로 나와 연결되었을 때 비로소 가능한 일이었다.

보이차 한잔 우려내듯 조심스레 나를 돌본다. 무심코 들려오는 새소리에도 눈시울이 붉어지는 나이가 되었다. 삶의 온도는 무언가를 성취했을 때 뜨거워지는 게 아니다. 나를 껴안는 고요한 순간에 천천히 올라간다. 그렇다. 외로움은 사라져야 할 감정이 아니다. 나와 나를 이어주는 징검다리다. 그 아이는 외롭지 않았다. 너무 오랫동안 혼자였을 뿐이다. 아무도 안아주지 않았던 그 아이를 이제는 내가 안아주려 한다.

3
하루 스무 잔의 커피

자기 자신을 지배할 수 없는 자는 결코 자유로울 수 없다.

피타고라스

"교수님, 그동안 죄송했어요."

오랜 제자에게서 전화가 왔다. 목소리가 낮고 차분했다. 숨소리엔 먹먹함이 느껴졌다. 그녀는 차를 마시다가 이유 모를 눈물이 쏟아졌다고 했다. 죄책감이 밀려와 내가 떠올랐고, 결국 전화를 걸었다고 했다. 당황했다. 왜 그랬을까? 무엇이 나에게 미안하게 했을까? 난 그저 그녀가 오면 받아줬고, 떠날 때도 그럴 만한 이유가 있겠거니 생각했을 뿐이다. 물론 그런 일이 몇 차례 반복되니 초긍정으로 대하던 나도 불편했었다. 그런데 오랜만에 전화 와서 대뜸 죄송했다니. 의외였다.

그녀는 보이차를 즐겼다. 제주에 살 때 자주 차회를 가졌다. 종종 삶의 이야기를 나누는 제자이자 동료였다. 그녀는 늘 강하고 열정적으로 산다. 겉으로는 그렇다. 오지랖도 넓어 오만 사람들에게 시간 내주고 물건도 나눈다. 상처를 받고 나서야 후회된다고 하소연한다. 정작 자신을 얼마나 외면하고 있었는지 모른 채 사람들의 기대에 맞추느라 애쓰며 살아온 그녀가 안쓰러웠다. 그녀의 고백은 오래전 내 모습과 겹쳤다. 전화를 끊고도 한동안 스마트폰을 내려놓지 못했다. 애써 무시했던 감정이 올라왔다. 어쩌면 꾹꾹 눌러 담았던 후회의 조각들이었는지 모르겠다.

한때 하루에 20잔 가까이 커피를 마셨다. 아침에 눈을 뜨면 부엌으로 가서 전기포트 전원을 눌렀다. 딸깍 소리는 몽롱한 정신을 깨우는 듯했다. 물이 끓기 시작하면 갈아놓은 원두 봉지를 조심스럽게 연다. 머그잔을 꺼내 원두를 한 스푼 퍼 담는다. 깊고 진한 커피 향이 코끝을 자극했다. 눈을 감고 커피 향을 들이마신다. 부엌 창 너머로 여명이 스며들었다. 커피 향은 나의 하루를 시작하는 신호였다. 컵을 두 손으로 감싸 안으면 온기가 손끝으로 올라왔다. 첫 모금을 입술에 머금자 씁쓸한 맛이 혀끝에 번졌다. 목을 지나 몸속으로 내려갔다. 온몸이 짜릿했다. 아, 이제 오늘이 시작되었구나! 주문을 건다. 커피는 내 하루의 시동 버튼이었다. 하루를 살아갈 의지를 켜주는 일종의 비밀 장치.

차 앞 좌석 컵홀더에는 늘 텀블러가 자리했다. 강의 전엔 진한 커피로 기운을 냈고, 강의가 끝나면 연구실로 돌아오자마자 또 커피를 찾았다. 학생이 상담을 올 때면 어김없이 커피를 들고 왔다. 중간중간 쉬는 시간에도 습관처럼 커피를 마셨다. 남들은 오후 커피 한 잔에도 밤잠을 설친

다지만, 난 아니었다. 저녁 무렵 피곤하다 싶으면 아메리카노 한 잔을 또 마셨다. 커피를 좋아한다는 걸 아는 지인이 캡슐커피 머신을 선물해 줬다. 그렇게 내 손에는 하루 종일 커피잔이 들려 있었다. 물 대신 커피로 수분을 보충한다는 착각 속에 살았던 셈이다.

대학원 시절. 밤늦게까지 이어지는 연구와 과제 속에서 커피는 유일한 위안이었다. 처음엔 하루 한두 잔으로도 충분했다. 점점 양이 늘어나 물처럼 마셨다. 기쁠 때도, 불안할 때도, 늘 커피였다. 어느새 커피는 없어선 안 될 존재가 되었다. 피로와 불안을 가리는 가면처럼 기능하고 있었다.

언제부터였을까. 커피를 마실 때마다 가슴이 쿵쾅거리며 뛰었다. 손끝이 미세하게 떨렸다. 밤에는 좀처럼 잠들 수 없었다. 누워도 눈만 감은 채 새벽을 넘기기 일쑤였다. 피로가 누적되니 몸이 자주 피곤했다. 피로에 누적되어 불안도 쌓여갔다. 할 일이 산더미였지만 진도가 나가질 않았다.

어느 날 아침 식사를 준비하는데 속이 울렁거렸다. 화장실로 향했다. 거울 속에 비친 내 얼굴을 보고 멈칫했다. 눈 밑에 짙게 드리운 다크서클, 푸석푸석하게 갈라져 있는 피부, 찢어질 듯 바싹 마른 입술, 윤기 없는 머리카락. 직감했다. 커피가 나를 갉아먹고 있음을. 마음속에서 경고음처럼 선명한 목소리가 들려왔다. 내 몸이 보낸 신호를 무시한 대가였다. 수전노처럼 움켜쥔 커피잔 속에는 사실 내 무의식이 담겨 있었다.

왜 그토록 집착했을까? 피로 때문만은 아니었다. 커피는 내가 버티고 있다는 자기 최면, 불안과 외로움을 덮어버리는 위장막이었다. "우리는 타인의 시선보다 자기 자신을 감시하는 존재가 되어 간다." 프랑스 철학자 미셸 푸코의 말처럼, 나는 타인의 시선이 아니라 스스로의 감시에 갇혀 있었다.

커피를 줄여야겠다고 결심했다. 쉽지 않았다. 무기력해졌고, 짜증이 늘었다. 두통도 심했다. 하루에도 몇 번씩 커피 향이 그리웠다. 그럴수록 물을 마셨다. 단단히 마음먹었다. 커피를 내려놓고 허브차로 바꿨다. 몸 상태도 수시로 체크했다. 가벼운 명상으로 하루를 시작했다. 커피 대신 스무 번의 깊은 호흡! 천천히 들이쉬고 길게 내쉬며 마음을 진정시켰다. 카페인 대신 온기와 호흡이 나를 지탱했다. 처음에는 낯설고 적적했다. 점차 머릿속이 맑아졌다. 요란하던 심장 박동도 안정을 찾아갔다. 저릿하던 감정들이 차츰 회복되었다.

지금은 커피를 거의 마시지 않는다. 대신 생수와 보이차를 즐긴다. 매일 아홉 차례 스트레칭을 한다. 시간 내서 아파트 주변이나 행주산성까지 산책한다. 생활 명상이 일상이 되었다. 글쓰기도 새로운 루틴이 되었다. 작은 습관들이 나를 지탱한다. 하루를 살아내는 법을 바꾼 거다. "진짜 강함은 내면의 고요함에서 나온다."라는 마하트마 간디의 말을 좋아한다. 외부의 자극이 아니라 내면의 평화로 삶을 채웠다. 커피로 덮었던 과거의 내가 아니다. 새로운 나를 만나기 위해 하루 1리터 이상 물을 마신다. 밍밍한 물맛이 처음엔 어색했다. 마시다 보니 물맛도 알 정도다. 몸의 변화를 분명히 느낄 수 있다. 피부가 맑아졌다. 그동안 나를 괴롭혔던 변비도 사라졌다. 무엇보다 잠깐이라도 깊이 잠들 수 있게 되었다. 물은 내 몸 구석구석을 씻어낸다. 충분한 휴식도 중요하다는 걸 새삼 깨달았다. 일부러 휴식 시간을 정했다. 몸과 마음의 균형을 되찾았다.

그즈음 새벽형 인간으로 살아보겠다고 마음먹었다. 저녁 10시가 되면 모든 일을 멈추고 잠자리에 들었다. 새벽 3시에 일어나 하루를 시작했다. 처음엔 이른 잠자리가 낯설었다. 며칠 해보니 익숙해졌다. 아침에 일어났을 때의 개운함이 점점 내 삶의 일부가 되었다. 명상과 스트레칭은 내 삶을 완전히 바꿔놓았다. 눈을 감고 호흡에 집중하는 시간은 꿀맛이다. 마음속 불안을 가라앉히고 고요를 선물했다. 이어지는 가벼운 운동은 몸의 활력을 되찾는 데 도움 되었다. 가볍게 뛰거나 스트레칭을 할 때마다 잠들어 있던 근육이 깨어나는 느낌이다. 땀이 날 때까지 운동한 날은 마음속 응어리마저 날아가는 듯했다. 작은 변화들이 모여 내 삶을 다시 설계했다.

이제는 하루 스무 잔의 커피 대신 하루 스무 번 숨 고르기를 한다. 커피는 잠을 깨웠지만, 숨은 나를 깨웠다. 진짜 필요한 건 더 많은 각성이 아니라 더 깊은 깨어남이었다. 물과 휴식, 명상과 스트레칭으로 몸과 마음의 균형을 되찾아 주었다. 몸의 활력이 되살아났다. 불안은 줄었으며 집중력도 높아졌다. 커피에 의존하던 과거와 달리, 지금 나는 나 자신에게 기대고 있다. 바쁨은 나를 흘려보냈지만 숨은 나를 지금 이곳에 머물게 했다. 어떤 것에 지나치게 의존하는 것이 있다면 잠시 멈춰 자신을 돌아보면 좋겠다. 습관이 되었든, 무의식적인 반복이 되었든. 몸과 마음은 매 순간 신호를 보낸다. 그 신호를 들을 때, 비로소 삶의 중심에 설 수 있다. 커피가 아닌 나 자신에게 기대는 삶! 그것이 바로 내가 선택한 진짜 인생이다.

4
'잘 살고 있다'는 착각 속에서

행복은 가면 뒤에 있지 않다. 있는 그대로의 자신을 받아들일 때 비로소 찾아온다.

칼 로저스

SNS 세상이 되었다. 처음엔 관심이 없었다. 솔직히 하고 싶지도 않았다. 내 모습을 드러내는 게 부담스러웠다. 세상이 다 한다니 일단 시작했다. 무엇을 올려야 할지 감이 없었다. 인스타그램에 날씨가 화창한 날 찍은 사진을 올렸다. 책 읽고 마음에 드는 문장을 인증샷처럼 남겼다. 블로그엔 명상 경험과 방법을 정리해 올리기도 했다. 곧 사람들의 '좋아요'가 달렸다. 신기했다. 하트로 존재 가치가 확인되는 듯했다. 화면 속 나는 언제나 웃고 있었다. 그러나 오래 가지 않았다. 모든 게 허상처럼 느껴지기까지는.

점점 사람들의 시선을 의식했다. 여러 장의 사진을 찍고 나서야 겨우

한 장의 사진을 올렸다. 사람들의 프로필 사진과 게시물을 보며 눈팅만 했다. 스토리에는 고급 레스토랑 사진, 해외여행, 멋진 풍경들이 끝없이 올라왔다. '좋아요'와 댓글 수가 그들의 가치를 증명하는 것 같았다. 사람들은 그 숫자에 중독된 듯했고, 나 역시 거기에 휘둘렸다.

어느 날, 기사를 접했다. SNS 속 화려한 삶은 대부분 조작된 이미지이며, 그 이면에는 우울과 불안을 겪는 사람들이 많다는 내용이었다. 아침에 눈 뜨는 것조차 버겁거나, 사람들 앞에 서는 게 두려운 이들. 그러나 그런 모습은 어디에도 드러나지 않았다. 어쩌면 나 역시 그랬는지 모른다.

사람들 앞에 서면 완벽한 모습을 보여주려 했다. 누군가 도움을 요청하면 매사 OK였다. 어떻게 그렇게 항상 초긍정적일 수 있냐고 물으면 웃어넘겼다. 마음 한편은 늘 공허했다. 억지로 미소를 지으며 대답한 적도 있다. 어느 날 한 도반이 같은 질문을 했다. 더는 숨길 수 없었다. 망설이다가 솔직히 털어놨다. 나의 진짜 모습은 그렇지 않다고. 도반들은 놀라워했지만 동시에 고개를 끄덕이며 공감했다. 저마다의 상처를 털어놓기 시작했다. 그들 역시 비슷한 고민을 안고 있었다. 그때 알았다. 우리 모두 비슷한 착각 속에서 살고 있다는 것을.

이후 변화를 시도했다. 두려웠다. '좋아요'와 댓글 수에 연연하지 않았다. 조금씩 마음이 가벼워졌다. 나 자신에게 집중할 수 있었다. 더는 가면을 쓰지 않기로 했다. 나의 불완전함을 인정하고 오롯이 받아들였다.

SNS 세상은 화려하고 완벽해 보일지 모른다. 하지만 그 뒤에 숨겨진 팩트는 다르다. 각자의 아픔과 고민이 숨어 있다. 중요한 건 그 아픔을 외면하지 않고 있는 그대로의 나를 받아들이는 일이었다. 그것이야말로 진정한 행복의 시작이었다.

  2012년 1월 1일. 신년회에서 교수 평가 우수상을 받았다. 전공이 아닌 교양과목 교수 평가에서 최고점을 받았다는 거다. 놀라웠다. 최선을 다했을 뿐이었다. 교수학습 지원센터에서 운영하는 교수법 강좌를 거의 다 들었다. 학생들에게 좋은 강의를 하고 싶었다. 그 결과인지도 모르겠다. 수강 신청할 때면 경쟁이 치열했다. 감사했다. 한 학기에 세 과목을 동시에 듣는 학생도 있었다. 학생들을 가르치는 일은 기쁨이자 보람이었다. 연구도 게을리하지 않았다. 현장 프로젝트를 논문으로 발전시켜 여러 학술지에 게재했다. 나름 사회적 존경을 받았고 수입도 안정적이었다. 누가 봐도 성공한 삶이었다. 그땐 확신했다. 이만하면 잘 살고 있다고.

  청출어람이라 했던가. 제자를 인정하면 그들이 더 빛난다는 것을 알 텐데. 착각이었다. 원로 교수들은 내 성실함을 인정하기보다 시기와 질투를 보였다. 그들의 시샘과 질투는 더욱 힘들게 했다. 내 연구 방법을 공개적으로 비난했다. 학생들의 강의 평가 방식도 문제 삼았다. 심지어 일부는 내 강의 스타일을 폄하하는 발언으로 공격한 적도 있다. 내가 받는 인정을 그들의 권위에 대한 위협으로 여기는 듯했다. 실망했다. 회의 감마저 들었다. 그저 열심히 강의하고 연구했을 뿐인데. 성실하기만 하면 되는 줄 알았다. 업적을 내고 성취하면 모든 게 괜찮아질 거라 믿었다. 아니었다. 그간의 학교생활이 점점 공허해졌다. 학생들의 존경과 칭찬조차 허무하게 다가왔다. 알 수 없는 불안, 모든 게 혼란스러웠다. 학교라는 공간이 숨 막혔다. 교육과 연구도 점점 뒷전으로 밀려났다. 인간관계에서 오는 질책과 비난에 에너지를 뺏기고 있는 나를 발견했다.

고민 끝에 교수직을 내려놓았다. 아무것도 하기 싫었다. 불안감이 엄습했다. 고정된 수입이 사라졌다.

'제대로 선택한 걸까? 이게 진정으로 내가 원하는 삶일까?'

이 질문은 나를 괴롭혔다. 그러면서도 자유가 느껴졌다. 내가 원하는 방식으로 누군가를 가르칠 수 있었다. 관심 있는 분야를 가르칠 기회였다. 프리랜서 강사로 나섰다. 더 바쁘게 움직이면서 많은 일을 하면 자연스럽게 알게 되리라 생각했다. 강의 의뢰를 받기 위해 발로 뛰었다. 강의 요청이 들어오면 그들이 원하는 주제로 강의를 기획했다. 다양한 연령대와 배경을 가진 사람들을 만났다. 그들의 삶에 직접적인 영향을 미친다는 사실이 기뻤다. 과정은 힘들지만, 보람은 컸다. 매 순간이 도전이자 기회였기에. 비록 안정적인 수입은 없었지만, 내 삶의 주인이 되어 있었다.

SNS에 게재하는 방식도 달라졌다. 예전처럼 사진을 여러 장 찍어 고르지 않는다. 화려하지 않아도 진심이 담긴 순간을 올린다. 더 이상 억지로 웃거나 각도를 계산하지 않는다. 어느 날 저녁, 강의가 끝난 뒤 해가 기울어 가는 하늘을 올려다봤다. 주황빛과 보랏빛이 뒤섞인 노을이 아파트 창문에 비쳐 마치 그림 같았다. 순간 휴대폰을 꺼내 찍었다. 보정도, 필터도 하지 않았다. 그냥 그 순간의 공기를 남기고 싶었다. 사진을 올리며 짧게 적었다. "오늘 하루도 무사히 지나갑니다. 고맙습니다."

차를 마시는 순간도 마찬가지다. 예전엔 세련된 카페, 화려한 라떼 아트가 있는 컵을 찾아 사진을 찍었다. 지금은 집 부엌에서 갓 우려낸 보이차를 창가에 두고, 따뜻한 김이 올라오는 장면을 찍는다. 김이 피어오르는 순간의 차분함, 손끝을 덮는 온기까지 담고 싶다. 화면 너머로 누군가의 시선을 의식하기보다, 나 스스로 다시 보고 싶은 순간을 남긴다. '좋아요' 수에도 연연하지 않는다. 예전에는 알림창에 숫자가 뜨길 기다렸다. '좋아요'가 적으면 초조했고, 많으면 기분이 올라갔다. 지금은 알림이 울려도 서둘러 확인하지 않는다. 오히려 오늘 내 마음은 어떤지에 더 집중한다.

물론 인간관계의 어려움이 사라진 건 아니다. 때로는 누군가의 기대에 부응하지 못해 마음이 무겁다. 하지만 교육자로서 내가 지켜야 할 신념이 있다. 학생들에게 마음을 다해 가르치고, 누군가에게 도움이 되는 시간을 나누는 것. 그것만 지키면 충분하다고 믿는다. 물론 불안이 몰려올 때도 있다. 그것도 삶의 일부라 인정한다. 완벽하지 않아도 괜찮다. 있는 그대로 나를 받아들이는 것이 인생을 잘 사는 법이라 확신한다.

오랫동안 잘 살고 있다는 착각 속에 갇혀 있었다. 성공과 지위가 행복을 보장해 줄 거라 믿었지만, 실상은 달랐다. 외롭고 공허한 마음을 가면으로 가린 채 살아왔을 뿐이다. 명상은 그 가면을 벗기고 나를 마주하게 했다. 내 마음이 진정으로 원하는 것이 무엇인지, 내가 누구인지 차분히 바라보게 했다. 오랫동안 외면했던 감정과 욕구를 있는 그대로 인정하고 받아들이니 비로소 숨이 트였다. 남의 시선에 맞춰 살지 말고, 바쁜 일정 속에 나를 가두지 않기로 했다. 지금 이 순간, 원만구족하고 지공무사하는 삶. 한마디로 색안경을 벗어버리고 본래 자리로 돌아간다. 욕심과 분별을 내려놓고 나 자신으로 사는 거다. 더하지도 덜하지도 않은.

이제는 바쁨보다 나 자신이 먼저다. 하루 한 시간은 온전히 나를 위해 쓴다. 완벽하지 않아도 괜찮다. 불완전한 나를 있는 그대로 껴안으면 된다. 나에게 묻는다. "지금, 행복한가?" 그 물음에 진심으로 "예."라고 답할 수 있다면, 그 자체로 충분하다. 진짜 삶은 가면을 벗고 나를 사랑하는 순간부터 시작된다. 지금 난, 그 길 위를 걷고 있다.

5
김밥 한 줄로 버티다

음식은 단순히 몸을 위한 것이 아니라, 영혼을 위한 위로이기도 하다.

버지니아 울프

양배추를 좋아한다. 가격이 만만치 않아 한 망을 샀더니 네 통이 들어 있었다. 초록빛 그물망 속에서 하나를 꺼내 겉껍질을 벗겨냈다. 얇은 잎을 떼어내 흐르는 물에 헹궜다. 손끝에 닿는 촉감은 단단하면서도 촉촉했다. 일부는 그대로 생식으로 먹고, 나머지는 끓는 물에 살짝 데쳤다. 은은한 채소 향이 코끝을 스쳤다.

아침엔 주로 생식으로 시작한다. 곱게 갈린 곡물가루에 바나나와 견과류를 넣는다. 고소하면서도 은은한 단맛이 입안에 번진다. 그 맛은 혀끝에 머물며 몸에 인사를 건네는 듯하다. 밤새 묵직했던 목이 상쾌해지고, 속은 든든해진다.

점심은 일반식을 먹는다. 특별히 약속이 없는 날엔 직접 만들어 먹는다. 최대한 영양의 균형을 맞추려 한다. 현미밥에 들기름 한 방울을 살짝 떨어뜨리고, 잘 익은 김치와 제철 채소를 곁들이면 충분하다. 씹을수록 깊은 풍미가 입안 가득 퍼진다. 밥 한술, 반찬 하나에도 나를 위한 배려와 애정이 담겨 있다. 나를 제대로 돌보고 있다는 확신이 든다. 배를 채운다기보다는 몸과 마음을 편안하게 눌러주는 순간이다.

저녁은 간단히 먹는다. 하루를 마무리하는 작은 의식처럼 먹을 때가 많다. 선식을 물에 타 마시거나, 오트밀 죽이나 두부 그라탕을 만들어 먹는다. 따끈한 죽이 식도를 타고 내려가며 속을 데운다. 배 속에 퍼지는 온기가 마음까지 편안하게 감싼다. 가끔은 직접 수프를 끓인다. 신선한 채소를 듬뿍 얹어 한 숟갈씩 떠먹으면 하루의 피로가 풀린다. 제철 과일을 얇게 썰어 천천히 음미하기도 한다. 단맛과 수분이 입안 가득 퍼질 때, 몸은 노곤해지고 마음은 한결 가벼워진다. 때때로 허브차 한잔을 곁들이면 은은한 향이 코끝을 간질이고 호흡이 절로 깊어진다. 단순한 식사가 아니라 명상하는 시간이다. 식탁 앞에 앉아 있는 나 자신과 차분히 마주하는 순간, 나는 위로받는다. 누군가와 대화를 나누지 않아도 충분하다. 예전엔 알지 못했던, 소소하지만 귀한 호사다.

22년 전, 하루 종일 시간에 쫓겼고, 몸을 혹사했다. 끼니를 제대로 챙기지 못했다. 김밥 한 줄로 하루를 버티며 살았다. 젊어서 가능했으리라. 한두 번이 아니었다. 거의 1년 가까이 그랬다. 아침에 강의를 나가고, 다른 학교로 이동해 또 강의했다. 가끔 상담이나 프로그램이 있는 날엔 점심은 늘 건너뛰었다. 수업과 수업 사이든 이동하는 시간이든. 짧은 시간에 틈을 내서 허겁지겁 끼니를 해결해야 했다. 시간을 맞추려면 어쩔 도리가 없었다. 그럴 때 김밥만큼 편한 것도 없었다. 일반 김밥, 치즈 김밥, 참치 김밥, 매운 김밥, 고추 김밥, 계란 김밥. 종류는 달랐지만, 맛은 늘 같았다.

다른 학교로 이동하는 길에 편의점에 들렀다. 유리문을 열면 편의점 특유의 합성 향이 코끝을 찔렀다. 좀비?처럼 익숙한 동선이다. 김밥 진열대로 향했다. 김밥 한 줄과 생수 한 병. 아침 겸 점심이었다. 점원은 내 얼굴을 기억하곤 가볍게 인사했다. "오늘도 바쁘시죠?" 답례로 고개만 끄덕였다. '그래, 다들 이 정도쯤은 견디며 사는 거죠.' 마음속으로 위로하며 계산하고 나왔다.

달리는 차 안에서, 복도 구석에서, 강의 자료를 검토하면서 입에 대충 욱여넣었다. 포장을 벗기는 손끝은 늘 바빴다. 김밥은 미지근했고, 밥알은 말라 있었다. 단무지와 햄, 시금치가 어설프게 말려 있었다. 입에 넣자, 짠맛과 단맛이 뒤섞인 익숙한 맛이 퍼졌다. 비닐 포장지 안에서 눌린 김은 흐물거렸다. 기름기 도는 속 재료 때문인지 어떤 날은 먹다 만 적도 있다. 맛을 느낄 새도 없이 순식간에 삼켰다. 5분도 걸리지 않았다. 그렇게 김밥 한 줄로 살아냈다. 목으로 넘기면서도 머릿속으론 다음 할 일을 정리하고 있었다. 짭짤한 김밥과 차가운 생수가 목을 타고 내려갔다. 배는 채워지지 않았지만, 그 공허함에 익숙했다.

처음엔 그럭저럭 괜찮았다. 편했고, 빠르게 식사를 마칠 수 있어 오히려 안심했다. 그러나 몸은 정직했다. 오후가 되면 머리가 띵하고 어지러웠다. 손끝은 차가웠고, 다리에 힘이 빠졌다. 밤에는 심장이 뛰고 잠이 오지 않았다. 점점 몸이 마르고, 마음마저 메말라갔다. 피로와 허기가 겹겹이 쌓였지만 외면했다.

'다들 이렇게 살잖아.'

어느 날, 강의실로 향하는 계단에서 휘청거렸다. 눈앞이 아찔했고, 쓰러질 뻔했다. 난간을 붙잡고 가까스로 몸을 세웠다. 얼굴이 달아올랐고, 등에 식은땀이 흘렀다. 직감했다. 이렇게는 오래 버틸 수 없다는 것을.

화장실 거울 앞에 섰다. 얼굴이 낯설었다. 눈 밑 다크서클, 마른 입술, 푸석한 피부, 초점 없는 눈동자. "왜 나를 이렇게까지 몰아붙였을까. 김밥 한 줄로 버텨야 할 만큼 내 삶엔 여유가 없었던 걸까." 식습관을 바꾸기로 결심했다.

김밥 대신 직접 요리를 시작했다. 신선한 채소와 제철 과일을 사 왔다. 국을 끓이고 현미밥을 지었다. 처음엔 번거롭고 시간이 아깝다고 생각했다. 점점 리듬을 되찾았다. 채소를 썰며 들리는 사각사각 소리, 국물이 끓어오르는 소리, 음식이 입안에서 퍼지는 따뜻한 온기까지. 모든 순간이 회복이었다. 무엇보다 중요한 변화는 내 몸을 존중하고 있다는 자각이었다.

이제 음식은 내 일상의 축이 되었다. 김밥 한 줄로 버티던 나는 없다. 그 시절을 떠올리면 마음이 짠하다. 나를 병들게 했다. 하지만 그 경험이 있었기에 지금의 내가 더 단단해졌다. 전에는 무시했던 피로와 허기, 이제는 신호에 민감하다. 작은 피곤에도, 미묘한 허기에도 귀 기울이고 응답한다. 하루 세 끼를 정성껏 챙기며 내 삶의 주도권을 되찾았다. 아침은 생식으로 하루의 몸과 마음 상태를 살핀다. 한 숟갈을 천천히 삼키며 "오늘은 어떤 하루를 살고 싶니?" 하고 나에게 묻는다. 목으로 넘어가는 부드러운 식감이 곧 나를 깨우는 알람이 된다. 점심은 나를 위한 선물 같은 시간이다. 충분히 씹고 천천히 삼키며 위와 장에 여유를 준다. 들기름 한 방울이 밥알을 감싸듯, 나도 나를 감싼다. 밥 한 술, 반찬 하나에 담긴 소박한 애정이 몸 안에서 힘이 된다. 저녁엔 하루를 정리한다. 따뜻한 수프 한 숟갈이 목을 따라 내려가면 그날의 긴장이 스르르 풀린다. 허브차 향기가 코끝을 맴돌면 하루의 무게가 가볍게 흩어진다. 그 순간만큼은 누군가의 평가도, 내일의 일정도 중요하지 않다. 오롯이 나와 마주 앉아 있다는 사실만이 남는다. 그렇게 하루 세 번 나와 마주하는 순간이 쌓여간다.

나를 돌보는 식사와 따뜻한 마음이 하루를 채운다. 작은 귤 한 조각에도 감사하다. 따끈한 국물 한 숟가락에도 위로가 담겨 있다. 때로는 수저를 내려놓고 눈을 감는다. "고마워, 오늘도 나와 함께해 줘서." 그 짧은 마음 씀씀이가 곧 건강이 된다. 건강은 몸과 마음을 정성껏 돌보는 데서 시작된다. 버티는 하루가 아니라 살아내는 하루, 그것이야말로 나를 단단하고 온전한 사람으로 만든다. 하루 세 끼를 챙기는 건 나를 위한 작고도 확실한 행복이다. 바쁜 시간 속에서도 식사만큼은 더디고 고요하게. 밥을 씹는 그 순간만은 세상도, 시계도 멈춘다. 먹는 방식이 곧 살아가는 방식이라면, 이제 나는 오롯이 나를 존중하며 살아가려 한다.

우리 모두에겐 김밥 한 줄로 버텨야 했던 시절이 있었을 게다. 이제는 그때의 나를 토닥이고, 오늘의 나를 다정하게 챙겨야 한다. 식사는 단지 끼니를 때우는 일이 아니다. 나를 아끼고 사랑하는 가장 구체적인 실천이다. 혹여 다시 몸과 마음이 고단해지더라도 따뜻한 밥 한 끼가 나를 다독여 줄 것이다. 밥상 앞에 앉는 일은 작은 기도와도 같다. 오늘의 식사가 나를 위한 가장 진심 어린 응원이 되기를. 그 응원이 내일의 나를 또 살아가게 하기를.

잠 못 이룬 밤들

밤이 가장 어두울 때, 별은 가장 밝게 빛난다.

토마스 풀러

"고기국수 먹으러 가자."

새벽 2시 반. 남편이 조용히 깨웠다. 아이들이 깰까 봐 낮은 목소리였다. 눈꺼풀이 무거웠지만 몸을 일으켰다. 부스스한 머리를 정리하고 옷을 대충 걸쳐 입은 뒤 따라나섰다. 차에 시동이 걸렸다. 늦은 밤인데도 라디오에선 여전히 사람들의 사연이 흘러나왔다. 도로는 고요했다. 나는 아무 말 없이 창밖만 바라보았다. 가로등 불빛이 끊어지듯 이어졌다. 습기 찬 창문에 손가락으로 도무지 알 수 없는 무언가를 그렸다. 남편이 힐끗 나를 보았지만, 말은 없었다.

24시간 운영하는 고기 국숫집. 간판 불빛이 환했다. 식당 안에 들어서니 사람들이 꽤 있었다. 푹 고아낸 육수 냄새가 코끝을 감쌌다. 고소하고 진한 고기향도 섞여 있다. 국수와 물만두를 시켰다. 김이 모락모락 나는 국수가 테이블 위에 놓였다. 뜨거운 김이 얼굴에 닿자, 눈을 찔끔 감았다. 맑은 국물 위에 올려진 고기 몇 점, 가지런한 면발. 말없이 수저를 들었다.

첫 국물을 떠서 입에 넣었다. 깊고 진한 감칠맛이 퍼졌다. 짠맛도 자극도 없었다. 오직 시간과 정성이 빚어낸 풍미였다. 따뜻한 국물이 목을 타고 내려갔다. 마음 한구석이 스르르 녹아내렸다. 면발을 한 젓가락 천천히 집어 들어 입에 넣었다. 부드러운 면이 혀끝을 스쳤다. 씹을수록 밀가루 향과 국물의 조화가 입안에서 감돌았다. 물만두를 깨물자, 고기의 담백함이 퍼졌다. 따뜻한 감촉에 눈시울이 뜨거워졌다. 배가 고파서가 아니었다. 마음이 더 허기져 있었던 것 같다. 몇 숟갈을 넘기자 편안해졌다. 국물은 끝까지 식지 않고 따뜻했다.

양이 어찌나 많은지. 반도 먹지 못했다. 배가 부르다기보다 마음이 차올라 더는 먹을 수 없었다. 남편은 남긴 것을 개의치 않았다. 돌아오는 차 안은 조용했다. 라디오는 꺼져 있었고, 창밖은 여전히 어두웠다. 남편이 아무 말 없이 내 손을 꼭 잡았다. 따스한 온기. 다 괜찮다는 위로 같았다. 까만 밤을 국수 한 그릇에 담아 조용히 삼켜버린 듯했다. 그 뒤로도 잠 못 드는 밤이면 국수를 먹으러 갔다. 무너질지도 모르는 순간마다 남편은 나를 붙잡아주었다. 국수 한 그릇으로.

20년 전, 잠을 제대로 못 잤다. 몸은 지쳤지만, 머릿속은 멈추지 않았다. 내일 해야 할 일, 끝내지 못한 일, 과거의 후회, 불확실한 미래의 걱정이 꼬리를 물었다. 밤이 깊어질수록 생각은 무거워졌다. 결국 뜬눈으로 밤을 새우는 일이 잦았다. 불면의 시작은 교수 생활 초기부터였다. 첫 강의의 설렘도 잠시, 매일 전쟁 같았다. 새벽 3시에 일어나 강의안을 점검했고, 출근 전까지 논문 초안을 읽었다. 학교에선 종일 강의하고, 짬짬이 상담도 했다. 그 외엔 연구실에 틀어박혀 자료를 분석했다. 학생들에게 부족함 없이 가르치고 싶었다. 동료 교수들과 비교되고 싶진 않았다. 무언가를 증명해야 한다는 강박이 매 순간 나를 짓눌렀다. 책임감과 자존심에 사로잡힌 거다. 잠자는 건 사치였다.

침대에 누워도 머릿속은 멈추지 않았다. '내일 강의 자료, 이대로 괜찮을까?' '오늘 그 학생, 너무 예민했던 것 같은데…' '이번 학회 발표는 좀 더 임팩트 있게 준비해야 하지 않을까?' 잡념들이 꼬리를 물며 몰려왔다. 눈을 감으면 오히려 더 선명해졌다. 체크리스트가 줄줄이 떠올랐다. 몸은 지쳐 축 늘어졌지만, 마음은 잔뜩 경직되었다. 밤이 깊어질수록 고통은 심해졌다. 결국 새벽이 올 때까지 뒤척이다가, 또다시 일어나 하루를 시작했다. 그게 성실이라 착각한 채.

몸은 이미 신호를 보내고 있었다. 화장을 하지 않으면 아픈 사람처럼 보였고, 아무리 화장으로 가려도 피곤한 얼굴은 감출 수 없었다. 잠들지 않으려 커피를 진하게 들이켰다. '완벽'이라는 이름으로 나를 몰아붙였다. 잠 못 이루는 밤은 점점 늘어갔다. 몸은 무거워지고 마음은 불안했다. 하루에도 몇 번씩 심장이 빠르게 뛰었고, 피로와 어지럼증은 일상이 되었다. 피부는 푸석해지고, 말수는 줄었다. 사소한 말에도 감정이 크게 흔들렸다. 한마디로 자승자박이었다. 내가 만든 함정에 스스로 갇힌 꼴이었다.

춘추전국시대 진나라 재상 상앙이 떠올랐다. 철권통치를 위해 잔혹한 거열형을 만들었지만, 정작 그 형벌에 의해 비참한 최후를 맞았다. 작법자폐(作法自斃), 내가 만든 법으로 내가 죽는다는 말. 나 역시 다르지 않았다.

편두통이 유난히 심한 어느 밤, 망치로 머리를 내리치는 듯 괴로웠다. 침대 위에서 뒤척이다 시계를 보니 새벽 3시. 눈은 감겼지만, 잡념들은 더 또렷해졌다. 결국 거실로 나와 소파에 앉아 창밖의 어둠을 멍하니 바라보았다. 나에게 물었.

"왜 이렇게 잠들지 못하니?"

"무엇이 이토록 불안한 거니?"

호흡을 가다듬으며 마음을 들여다보았다. 거기엔 완벽을 추구하는 내가 있었다. 강의는 늘 최고여야 하고, 연구는 반드시 인정받아야 하고, 상담은 언제나 효과적이어야 한다는 강박. 실패와 실수를 곧 무능으로 단정 짓는 오만함. 작은 실수에도 나를 꾸짖고 하루 전체를 망쳤다고 여겼다. 내일을 향한 걱정과 압박이 끝없이 이어졌다. 거기에 과거의 후회와 자책이 덧붙어, 밤마다 떠오르는 잘못된 결정과 상처 준 기억들이 내 발목을 붙잡았다.

변화가 필요했다. 무라카미 하루키는 "글쓰기는 곧 명상"이라 말했다. 그는 매일 같은 시간 조용한 방에 앉아 글을 쓰며 불면과 불안을 달랬다. 전쟁 중 윈스턴 처칠도 불면에 시달렸다. 머릿속이 너무 시끄러워서 잠을 잘 수 없다며 지하 벙커를 배회했고, 대신 낮잠으로 피로를 분산시켰다. 불면은 그의 개인적 고통이자, 인류의 운명을 짊어진 고뇌의 그림자였다.

작은 변화를 시작했다. 잠자리에 들기 전 명상으로 하루를 정리했다. 좋았던 일이든, 아쉬웠던 일이든 있는 그대로 인정하며 마음을 내려놓았다. 차분한 음악을 틀거나 따뜻한 차를 마시며 몸과 마음을 이완했다. 내일을 미리 계획하지 않았다. 오직 지금, 이 순간에 머물렀다. 그렇게 조금씩 불면은 사라졌다. 여전히 불안한 밤이 찾아올 때도 있다. 하지만 두렵지 않다. 피하지 않고, 오히려 나를 더 깊이 만나는 시간으로 삼는다. 가끔 마음속으로 속삭인다. "은정아, 오늘도 잘 마쳤어. 내일은 또 새로운 하루가 올 거야." 간단한 말이지만, 놀라울 만큼 위안이 된다.

완벽하지 않아도 괜찮다. 느려도 괜찮다. 오늘 흔들렸더라도 괜찮다. 잠들지 못하는 밤이 다시 찾아와도 괜찮다. 우리 모두 삶의 어두운 밤을 지나기 마련이니까. 멈춰 서는 날이 있어야 다시 나아갈 수 있으니까. 지금 이 순간 마음이 평온하다면 그것으로 충분하다. 어둠 속에서도 스스로를 다정히 안아줄 수 있다면, 내일로 다시 나아갈 수 있다. 완벽함이 아닌 온전한 나로 살아가는 것! 그것이야말로 가장 단단한 회복이며 진짜 나를 지키는 길이다. 겨울이 아무리 길어도 봄은 오고, 밤이 아무리 깊어도 아침은 찾아온다. 그 사실 하나만으로도 우리는 살아낼 수 있다. 오늘도 흔들리면서 포기하지 않고 버틴 나에게 말한다.

"넌 잘하고 있어. 서툴러도, 눈물이 나도, 그 자체로 충분히 소중하고 아름다워."

기억하자. 어두운 밤조차 결국은 나를 이루는 소중한 한 조각임을.

7
흔들린 날들의 기록

나무는 바람에 흔들리지만, 뿌리가 깊으면 쓰러지지 않는다.

중국 속담

카톡!
"이것 좀 봐 주실래요? ……."
자정이 막 지난 시각, 오랜 지인에게서 메시지가 도착했다. 요즘 그녀는 늦은 밤마다 연락해 감정을 쏟아내거나 조언을 구하곤 했다. 그날도 예외가 아니었다. 스마트폰 화면에 이름이 뜨자 얼굴이 저절로 굳어졌다. 또? 이 시간에? 의자에 등을 기댄 채 멍하니 화면만 바라봤다. 결국 답장을 보냈다. 이내 장황한 문장들이 줄줄이 쏟아졌다. 반복되는 고민과 얽힌 감정들. 차분히 위로를 건넸지만, 마음은 점점 멀어졌다.
  카톡 메시지는 끊임없이 이어졌다. 사는 게 왜 이러냐, 사람 속을 알 수가 없다, 도무지 이해가 안 된다…. 계속 묻고 또 물었다. 손가락이 아플 지경이었다. 차라리 통화를 하는 게 낫겠다 싶어 전화를 걸었다. 웬걸. 받지 않았다. 휴대폰을 내려놓았자마자 다시 메시지가 도착했다. 피로감이 몰려왔다. 스트레스라기보다 에너지가 빠져나가는 기분. 감정도, 체력도 소진되었다. 문득 깨달았다. 나는 늘 다른 사람의 요구에 즉각 반응하며 살아왔다는 것을. 누군가에게 필요한 사람이 되려 애쓰느라, 정작 나에게 필요한 시간은 외면한 채 살아왔다는 사실을.

그날 이후, 달라지기로 했다. 밤늦은 연락에 즉시 반응하지 않기로. 방 안 조명을 끄고 눈을 감았다. '지금 답장하지 않아도 괜찮아. 내일 아침에 해도 돼. 괜찮아.' 그렇게 나에게 허락했다. 타인의 감정을 받아주는 만큼, 내 감정을 지켜주는 일도 중요했다. 예전 같으면 죄책감에 휩싸였겠지만, 지금은 나에게 집중한다. 그것이 나를 지켜주는 방패니까.
카톡과 문자는 무음으로 바꿨다. 휴대폰을 열기 전까진 누가 보냈는지 알 수 없다. 대신 그 시간에 의도적으로 호흡을 고르며 마음의 긴장을 풀었다. 예전엔 문자 하나, 말 한마디에도 흔들리던 나였다. 중심을 잡기로 했다. 내가 나를 지키지 않으면 아무도 대신해 줄 수 없다는 사실. 그 단순한 진실이 나를 단단하게 세워준다. 스트레스를 외면하거나 억지로 버티겠다는 게 아니다. 지켜야 할 것은 결국 나 자신이라는 뜻이다.

늘 긴장 속에서 살았다. 고요한 날보다 긴박한 날이 더 익숙했다. 아침부터 머릿속은 할 일로 가득했고, 해가 질 때까지 멈춤이 없었다. 누군가 부르면 곧장 달려갔고, 부탁을 받으면 거절할 줄 몰랐다. "괜찮아, 그럴 수도 있지." 입버릇처럼 말했다. 정작 내 안의 에너지는 고갈되어 갔다. 아침마다 눈을 뜨는 게 버거웠다. 몸은 찌뿌둥했고, 어깨와 등은 돌덩이처럼 굳어 있었다. 속은 자주 쓰렸고, 끼니는 불규칙했다. 늦은 밤까지 잠들지 못했다. 마음은 늘 조급했고, 누군가에게 실망을 줄까 두려워 스스로를 다그쳤다. 작은 대화에도 예민하게 반응했고, 사소한 실수에도 끝없이 자책했다.

어느 날, 강의를 마치고 집에 돌아와 그대로 바닥에 주저앉았다. 아무 말도, 아무 생각도 들지 않았다. 눈물만 뚝뚝 흘렀다. 나는 왜 이렇게까지 살아야 하지? 왜 멈추지 못하고 계속 달려야 하지? 내 안에서 터져 나온 절규였다. 스트레스는 어느새 일상의 일부가 되어 있었다. 상담가로서의 공감, 교수로서의 책임, 단체 활동에서의 갈등 조율. 모든 순간이 짐처럼 어깨를 짓눌렀다. 잘 해내고 싶었다. 오만이었고 교만이었다. 완벽해야 한다는 강박이 서서히 나를 옥죄었다.

2006년 가을, 대학에서 처음 강의했을 때의 기억이 생생하다. 스트레스는 최고조였다. 논문, 강의 준비, 학생 지도, 동료 교수들과의 관계까지. 모든 게 부담이었다. 중학교 수업 때와는 차원이 달랐다. 불안에 시달리며 밤을 지새웠다. 내 수업이 학생들에게 의미 있게 전달되지 못할까 두려웠다.

강의를 마친 어느 날, 익명의 부정적 평가를 받았다. 준비한다고 했는데 이런 결과라니. 가슴이 철렁 내려앉았다. 자신감은 바닥으로 떨어졌다. 수업을 준비하면서도 심장이 뛰고 손이 떨렸다. 거울 앞에서 애써 웃음 지으며 '개구리 뒷다리'를 외쳤지만, 강의실로 들어서는 발걸음은 무겁기만 했다. 출석부를 부르는데도 목소리가 떨렸다. 손바닥엔 땀이 흥건했다. 편두통이 심해 머리가 짓눌리듯 아팠다. 결국 병원을 찾았다. 의사는 단호히 말했다. "스트레스를 줄이지 않으면 몸도, 마음도 위험해집니다."

비슷한 시기, 로터리 클럽 조찬 모임에 참석했다. 서울로 이동해야 해서 새벽에 출발했다. 비몽사몽 행사장에 도착했다. 회의 분위기는 시작부터 심상치 않았다. 두 그룹이 언성을 높이며 맞섰다. 서로를 이해하려는 태도는 없었다. 나는 중재자도, 관찰자도 아니었다. 어정쩡한 위치에서 말없이 회의 흐름을 지켜볼 뿐이었다. 속은 메스껍고, 눈앞은 흐릿했다. 전날 잠을 설친 탓일까, 집중은커녕 몸을 가누기도 버거웠다. 회의가 끝나고 이어진 조찬, 뷔페 음식이 입으로 들어가는지 코로 들어가는지조차 모를 정도였다. 정신이 멍했다. 사람들의 표정은 차갑고 대화는 짧았다. 그들의 시선을 피한 채 구석에 앉아 있었다. 머리는 어지럽고 식은땀이 났다. 확신했다. 누적된 스트레스가 내 몸을 흔들고 있다는 것을.

사실 진짜 문제는 외부의 시선이 아니었다. 나를 옥죄는 건 내가 나에게 씌운 기대였다. 대화 중에도 '틀리면 어쩌지?', '부족해 보이면 어쩌지?' 하는 불안이 먼저 치고 올라왔다. 결국 말을 삼키고 침묵했다. 아무도 나를 탓하지 않았는데도, 스스로를 검열했다. 완벽해야 한다는 허상에 맞추려 끝없이 나를 몰아세웠다. 집으로 돌아가기 전, 차에 앉아 길게 호흡했다. 마음을 가라앉히고 지금에 집중했다. 완벽하지 않아도 괜찮다며 나를 안심시켰다. 마음의 기준이 바뀌자 서서히 스트레스가 옅어졌다.

　이후로는 스트레스를 피하지 않고 마주하려 했다. 도망친다고 사라지는 게 아니기 때문이다. 중요한 건 다른 사람의 기대가 아니라, 나 스스로의 만족이었다. 타인의 시선에 맞추어 살던 방식을 내려놓자, 마음이 한결 가벼워졌다. 그렇게 조금씩 여유가 생겼다. 관계 속에서도 예전보다 솔직하고 담대해졌다. 스트레스를 없애려 애쓰지도 않는다. 오히려 자연스럽게 받아들이고 다스린다. 숨이 막히도록 긴장이 밀려올 때면 잠시 걸음을 멈추고 나에게 묻는다. 이건 정말 내가 감당해야 할 일인가, 아니면 그냥 흘려보내도 될 일인가? 질문 하나만으로도 마음이 정리된다. 마치 어두운 방에 불을 켠 듯, 생각의 방향이 선명해진다.
　예전엔 누군가의 말 한마디에도 하루 종일 흔들렸다. 지금은 다르다. 상대의 말은 그저 그 사람의 관점일 뿐, 나라는 존재 전체를 규정하지 않는다. 불필요한 무게에서 벗어날 수 있었다. 마음은 훨씬 안정되고 편안해졌다. 스트레스는 나를 삼키는 괴물이 아니라, 나를 단련시키는 훈련장이 되었다.

스트레스가 전혀 없는 삶은 없다. 누구에게나 예고 없이 크고 작은 파도가 밀려온다. 중요한 건 그 파도에 휩쓸릴지, 아니면 위에서 균형을 잡을지 선택하는 일이다. 나를 지키는 힘은 상황이 아니라 태도에서 비롯된다. 이제는 스트레스를 없애려 애쓰기보다 삶의 일부로 받아들인다. 흔들리더라도 무너지지 않는 법, 불안하더라도 방향을 잃지 않는 법을 배우는 중이다. 그 덕분에 어제보다 단단해지고, 내일은 오늘보다 더 유연해질 수 있으리라 믿는다.

스트레스는 더 이상 두려움의 대상이 아니다. 나를 괴롭히는 적이 아니라, 나를 단련시키는 스승이다. 그 순간마다 멈추어 호흡하고, 내 안의 목소리에 귀 기울인다. 그러면 삶이 조금 더 깊어지고, 나 자신도 선명해진다. 오늘도 흔들리며 서 있고, 버티며 앞으로 나아간다. 그렇게 한 걸음 한 걸음, 조금 더 단단해져 간다.

8
웃고 있지만 마음 한구석은 까맣게

가면을 벗을 때, 비로소 우리는 서로를 진짜로 만난다.

알베르 카뮈

사람들은 나를 언제나 밝고 자신감 넘치는 사람으로 여겼다. 고민이나 스트레스 따위는 모를 것 같다고 말했다. 강의실에서는 늘 웃으며 학생들과 소통했다. 상담할 땐 차분하고 안정된 목소리로 내담자를 위로했다. 단체 활동에서도 침착하고 긍정적인 태도를 유지했다. 그러나 내 안의 진짜 모습은 달랐다. 웃고 있었지만, 속은 늘 불안과 긴장으로 가득했다. 아침에 눈을 뜨는 순간부터 막막함이 따라다녔다. 사람들과 웃으며 대화를 나눌 때조차 마음 한구석은 까맣게 타들어 갔다.

2019년 11월, 학술 세미나에서 기조 강연을 맡았다. 이른 아침 강남의 대강당으로 들어서자 차분하면서도 팽팽한 긴장감이 감돌았다. 200명에 가까운 대학원생들이 빼곡히 자리를 채우고 있었다. 연단 뒤에 서 있는 동안 목덜미에는 땀이 맺히고 손바닥은 축축해졌다. 무대 위로 올라가 마이크를 잡았다. 환하게 미소 지었지만, 속에서는 긴장감이 온몸을 죄여왔다. 실수하지 않으려 한마디 한마디를 또박또박 말했다. 몸짓 하나에도 온 신경을 쏟았다. 목소리는 또렷했지만, 심장은 요동쳤다. 다리에는 미세한 떨림이 일었다. 강의를 어떻게 마무리했는지조차 기억나지 않는다.

강의가 끝나자, 우레와 같은 박수가 쏟아졌다. 몇몇 학생이 다가와 명함을 건넸다. 후속 강의와 상담을 요청했고, 모두 감탄을 표했다. 감사 인사를 전하며 다시 환하게 웃었다. 하지만 속은 여전히 긴장으로 굳어 있었다. 떨림을 들키지 않으려 애썼다. 집에 돌아와 문을 닫자마자 소파로 향했다. 뻐근한 어깨를 기대고 고개를 뒤로 젖혔다. 숨을 깊게 내쉬었다. 그제야 긴장이 풀리며 온몸에 고단함이 몰려왔다. 멍하니 생각했다. '정말 잘 해낸 걸까, 아니면 또 나를 속인 걸까.'

한번은 교도소에서 인성교육을 했다. 경험 많은 지인이 조언했다. "주소와 나이를 말하면 안 돼요." 단단히 새겼다. 워크숍 형식으로 프로그램을 준비했다. 수감자들과 눈높이를 맞추고 싶었다. 차가운 철문이 열리자 교정복을 입은 이들이 조용히 강의실로 들어섰다. 습관처럼 눈을 맞추며 인사했다. 차분한 목소리로 강연을 이어갔다. 사람들의 시선이 처음엔 무표정했다. 몸짓도 굳어 있었다. 정돈된 의자, 벽의 시계, 천장의 형광등 불빛조차 차갑게 느껴졌다. 퀴즈를 내고 동영상을 보여주자, 분위기가 조금씩 바뀌었다. 간간이 웃는 분들도 있었다. 여세를 몰아 2인 1조 미션 게임. 단상으로 나오게 했다. 조심스레 참여하던 이들이 곧 적극적으로 움직였다. 거부할 줄 알았는데 예상 밖이었다. 생각했던 두려움과 불안은 판단 미스. 강의가 끝났다. 모두 환하게 웃었다. 나 역시 웃고 있었다. 다만 강단을 내려오는 발끝은 휘청였고 손가락 끝은 여전히 떨렸다.

그때 수감자 몇 명이 다가와 말했다. "오늘 수업, 참 이상하게 편안했어요." "새로운 경험이었어요." "강사님, 친절하시네요." 모두 칭찬이었다. 안도감으로 마음 한구석이 출렁였다. '나는 지금도 나를 증명하려 애쓰고 있구나.' 따끔한 자각이었다. 그 후로 조금 더 솔직해지기로 했다. 내 감정에 귀 기울이기로. 완벽하지 않아도 괜찮다는 걸 내 안의 떨림이 가르쳐주었다.

얼마 전 단체에서 임원 해임 건으로 윤리위원회가 열렸다. 회의실은 사뭇 진지했다. 아니 긴장감으로 팽팽했고, 사람들의 시선은 차가웠다. 문제의 당사자는 끝내 인정하지 않았다. 회의가 진행되는 내내 언성을 높이며 거칠게 항변했다. 볼펜이 딸깍거리고, 종이가 구겨지는 소리가 들렸다. 물병이 떨어지는 소리에 신경이 곤두섰다. 입술은 바짝 말라 따가웠다. 그녀의 반박을 들으며 문득 내 모습을 돌아봤다. 임원으로 해야 할 역할, 사람들 앞에서의 태도, 감정을 드러내지 않는 습관. 늘 긍정적인 얼굴 뒤에 진짜 마음을 숨겨왔던 내 모습이 겹쳤다. 그녀의 분노가 드러나는 장면은 오히려 내 안을 흔들었다. 나는 과연 감정을 건강하게 표현해 왔을까? 진짜 용기는 감정을 인정하고, 그것을 건강하게 표현하는 건데.

회의가 끝났다. 여기저기 웅성거리며 사람들이 일어섰다. 나는 아무 말 없이 화장실로 갔다. 거울에 반사된 얼굴은 미묘하게 일그러져 있었다. 이마엔 잔주름이 가득했다. 물을 틀어 찬물로 손을 적셔 얼굴에 덮었다. 물소리와 함께 올라오던 감정이 겨우 가라앉았다. 숨 한번 깊게 내쉬고 단정한 표정을 지으며 회의실로 돌아갔다. 사람들 앞에서는 밝고 단단한 모습으로 살아왔다. 내 마음을 솔직하게 드러내는 게 두려웠다. 부족함이 드러날까 봐.

동사섭 명상 캠프에 참가했을 때였다. 수련 첫날, 방안은 고요했다. 바깥에서는 새소리와 바람 소리만이 들려왔다. 방석 위에 앉아 눈을 감았다. 호흡에 집중했지만, 머릿속은 잡념으로 가득했다. 몸 여기저기가 불편했다. 시간이 흐르자 갑자기 눈물이 흘렀다. 이유 없는 눈물이 아니었다. 오랫동안 눌러두었던 감정들이 흘러나오는 거였으리라. 따뜻한 물줄기가 뺨을 타고 턱 끝까지 흘렀다. 눈물은 약함이 아니다. 오랫동안 견뎌온 마음의 언어다. 나에게 물었다. '왜 그렇게 힘들었니? 왜 그렇게 마음을 감췄니?' 내 마음이 대답했다. '사람들이 실망할까 봐, 내 진짜 모습을 보여줄 수 없었어.'

그날 이후 조금씩 달라졌다. 거창한 선언 때문이 아니었다. 사소한 용기에서 시작되었다. 사람들 앞에서 감정을 조금 더 솔직하게 표현하기 시작했다. 완벽하지 않아도 괜찮다고, 모든 걸 다 해내지 않아도 된다고. 회의 자리에서는 "잠시 생각할 시간이 필요하다." 강의 중에는 "오늘은 몸이 조금 무겁네요." 어색했지만 말하고 나니 마음은 훨씬 가벼워졌다. 내가 먼저 마음을 내어놓자, 사람들도 편안하게 다가왔다.

예전 같으면 혼자 끙끙 앓았겠지만, 이제는 가까운 사람에게 털어놓고 조언을 구한다. 여전히 책임감 있게 살지만 더는 혼자 견디며 나를 몰아붙이지 않는다. 처음엔 사람들이 놀라고 당황했다. 늘 밝아서 괜찮은 줄 알았다고. 시간이 지나며 진심이 전달되었다. 관계는 더 따뜻해졌다. 그들과 나 사이에 있던 얇은 유리막이 걷히는 듯했다. 겉으로는 웃었지만 속은 텅 비어 있던 예전의 나와는 분명 달라졌다.

어려운 감정이 올라올 때면 나에게 묻는다.
"은정아, 지금 정말 괜찮아?"
이제는 웃는 얼굴 뒤에 숨지 않는다. 힘들면 힘들다고 말하고, 도움이 필요할 땐 손을 내민다. 슬플 땐 주저하지 않고 운다. 감정을 숨기지 않아도 괜찮다. 내 약함은 결코 부족함이 아니다. 있는 그대로 나를 인정하고 사랑할 뿐이다. 조금 서툴고 느려도, 마음을 돌보며 살아간다. 내 이야기를 들어주고, 진심을 지켜봐 준 사람들 덕분이다.

여전히 강단에 선다. 회의에 참석도 하고, 누군가의 이야기를 듣는다.

그 모든 순간에도 나를 먼저 챙긴다. 오랫동안 감추려 애썼던 불안과 두려움, 긴장은 더 이상 나약하게 만들지 않는다. 오히려 나를 더 인간답게 한다. 삶은 여전히 복잡하고, 나는 여전히 흔들린다. 완벽하지 않아도 괜찮고, 가끔 무너져도 괜찮다. 진짜 나를 받아들이는 순간, 삶은 비로소 내 편이 될 테니까. 있는 그대로 자신을 사랑하는 순간, 세상은 조금 덜 두렵고 삶은 조금 더 따뜻해진다. 지금 이 순간의 나에게 진실하게 머무는 일. 그것이야말로 내가 살아가야 할 가장 단단한 이유다. 억지로 웃지 않고, 마음 깊이 웃을 수 있는 사람이 되고 싶다.

아프다는 말, 이제는 할 수 있어야 하니까

언젠가부터 웃는 게 습관이 되었고, 괜찮다고 말하는 게 의무가 되었습니다. 무너지면 안 될 것 같아서, 힘들단 말조차 꺼내지 못하고 그저 하루를 견디며 살았습니다. 사람들과 잘 지내고, 일은 빠짐없이 해냈고, 겉으론 멀쩡해 보였지만 내 마음 한구석은 늘 시렸습니다.

스스로에게 말하지 않았지요.
"너 괜찮아?"
"지금 어디쯤 와 있어?"
"정말, 안녕한 거 맞아?"

이제는 알아야 합니다. 내가 얼마나 오래 아파왔는지, 내 안의 목소리가 얼마나 간절했는지.
그리고 이제는 그 아픔을 덮지 않고, 조용히 들여다봐야 할 시간입니다.

내가 나에게 안부를 묻지 않으면, 아무도 대신해 줄 수 없으니까요.

나는 안녕하지 못했다

그래도,
그 사실을 알게 되어 다행이다.

오랫동안
'잘 지내는 척' 하며 버텼다.

외로웠고,
무너졌고,
가끔은 너무 아팠다.

이제는,
괜찮지 않다는 말을
나 스스로에게 허락한다.

아픔은 나약함이 아니라,
살아 있다는 증거니까.

세 번째 안녕

아픔이 성장이 되기도 하지만

Q1 당신에게 아픔은 어떤 배움으로 남아 있나요?
Q2 상처가 오히려 당신을 단단하게 한 적이 있나요?
Q3 무너졌던 자리에서 다시 시작한다면, 어디서부터 걸음을 떼고 싶으신가요?

1
관계 속 상처, 성장이 되다

자신을 이해하는 순간, 세상도 달라진다.

크리슈나무르티

"나는 왜 사람들과의 관계가 이토록 버거울까?"

인간관계는 누구에게나 어렵다. 특히 나에겐 일상의 중심이었고, 동시에 가장 큰 부담이었다. 다양한 역할과 책임이 얽힌 삶 속에서 사람들과의 관계는 피할 수 없는 숙명이었다. 나는 인간관계로부터 오는 스트레스를 자주 경험했다. 어쩌면 내 삶에 따라붙은 수많은 역할과 책임이 관계를 피할 수 없도록 만들었다. 상담가로서 내담자의 고통을 들으며 진심으로 공감해야 했다. 교수로서 학생들에게 존경받고 신뢰를 쌓기 위해 스스로를 다잡아야 했다. 단체에서는 회의와 협업 속에서 수많은 사람과 소통하고 이해관계를 조율해야 했다. 늘 누군가의 기대와 요구를 맞추며 살아왔다. 좋은 사람, 믿을 만한 사람, 유능한 사람이라도 된 듯 연기한 건지도 모르겠다. 어떤 날은 미소를 지으면서도 마음은 속절없이 무너졌다. 또 어떤 날은 마음속에 꾹 눌러둔 말들이 목구멍까지 차올랐지만 끝내 삼켜버렸다. 얽히고설킨 관계와 소통 과정에서의 오해는 나를 점점 옥죄었다. 나 자신에게 솔직하지 못한 채, 관계에서 오는 스트레스에 빠졌다.

바르게살기운동 임원 회의가 있던 날이다. 회의실 공기가 유난히 무거웠다. 봉사에 진심이고 열정적인 사람이 대부분이다. 성향이 강하다 보니 회의 때마다 마찰이 잦았다. 자신의 의견을 강하게 밀어붙이기도 하고, 다른 사람들의 의견을 무시하는 태도도 드물지 않았다. 오랫동안 해결되지 않은 안건이 나오면 회의 분위기는 급속도로 얼어붙었다. 각자의 목소리가 점점 격해지며 톡 쏘는 말들이 이어졌다. 때론 무심하게, 때론 조율하려 애썼다. 양측의 주장을 모두 만족시키는 건 불가능했다. 말들은 점점 날카로워졌고, 사람들의 얼굴은 붉어졌다. 나는 책상 위에 펼쳐진 자료만 쳐다볼 뿐 시선을 어디에 둬야 할지 가늠이 되질 않았다. 그들이 내뱉는 한마디 한마디를 유심히 들었다. 얼굴이 화끈거렸다. 가슴은 뜨겁고 답답했다. 회의가 끝나고 사무실 문을 나서는데 몸에 돌덩이를 매단 듯 발을 내딛기가 무거웠다. 피로가 몰려왔다. 회의 중 들었던 비난과 반박의 말들이 메아리처럼 울렸다.

집에 돌아온 후, 불도 켜지 않은 채 어두운 방 안에 말없이 앉았다. 아무것도 하기 싫었다. 누구에게도 연락하고 싶지도 않았다. 머리는 망치로 두드리는 듯 쿵쿵 울렸고, 귀에서는 삐- 소리가 났다. 침대에 누워도 잠은 오지 않았다. 눈을 감으면 회의장의 소음과 차가운 시선이 떠올랐다. 몸과 마음은 탈진한 상태였다. 마치 투명한 유리에 금이 간 듯, 작은 충격에도 부서질 것 같았다. 그날 밤, 나는 관계가 남긴 상처에 온전히 잠식당했다. 이대로는 안 될 것 같았다.

명상이 떠올랐다. 오랫동안 내 삶에 존재했지만 제대로 붙잡지 못했다. 이번엔 진심으로 의지해 보기로 했다. 촛불을 켜고 가부좌를 틀고 앉았다. 집안은 고요했고, 초침 소리만 크게 울렸다. 눈을 감고 천천히 숨을 들이마시자, 가슴 깊은 곳에서 묵직한 긴장이 올라왔다. 숨을 내쉴 때마다 회의장에서 들었던 말들이 파도처럼 밀려왔다. 눈물이 흘렀다. 머릿속은 복잡했고 몸은 여전히 무겁고 차가웠다. 평온하기는커녕 떠오르는 감정들이 나를 괴롭혔다. 눈을 뜨고 도망치고 싶었다. 그대로 머물렀다. 호흡과 함께 감정의 흐름을 바라봤다. 내가 왜 이렇게 힘들어하는 걸까? 답은 의외로 간단했다. 그들의 행동을 나와 동일시했기 때문이다. 그래서 더 강하게 반발했던 거다. 관계는 결국 내 마음의 거울이었다.

명상은 일상이었다. 아침 30분, 잠들기 전 10분. 매일 명상을 반복하며 내 감정과 생각을 객관적으로 들여다보았다. 그동안 나는 갈등의 원인을 외부에서만 찾았다. 그들의 말과 행동에 과도하게 반응하며 내 마음을 돌아보지 않았다. 행동 뒤에 숨겨진 불안과 욕구를 이해했어야 했다. 사실, 내 감정을 솔직히 표현하지 못했고, 타인의 요구를 맞추기 위해 너무 많이 희생해 왔다. 그러나 명상은 내 안의 불안을 직면하게 했고, 타인의 욕구도 이해할 수 있게 했다. 억눌린 감정을 풀어내며 조금씩 자유로워졌다. 명상은 단순한 스트레스 해소가 아니었다. 관계의 본질을 바라보게 해주는 창이었다.

몇 해 전, 일산으로 이사 오는 문제로 가족과 삐걱거렸다. 부모님은 연고지가 없는 육지 생활을 어떻게 할 건지 염려했다. 나와 남편은 나름의 의견을 내놓으며 설득했지만 쉽지 않았다. 그때도 명상이 필요했다. 감정이 격해질 때마다 잠시 멈추었다. 마음을 가라앉히고, 다시 대화를 이어갔다. 부모님의 걱정을 이해하려 애썼고, 내 마음도 무시하지 않았다. 결국 이사를 했고, 부모님도 차츰 이해하고 지지해 주셨다. 감정의 매듭이 풀리자, 관계는 다시 부드러워졌다. 함께 계획도 세웠다. 모두가 더 나은 방향으로 나아갈 수 있었다.

특히 큰 힘이 되었던 건 자애 명상(Metta Meditation)이었다. 나와 타인을 향해 따뜻한 마음과 용서를 보내는 명상이다. 매일 아침, 명상을 시작하기 전 부모님의 얼굴을 떠올렸다. 눈을 감고 속으로 천천히 되뇌었다. "당신이 이해하기를 바랍니다. 당신이 평화롭기를 바랍니다. 당신이 행복하기를 바랍니다." 처음에는 입에 잘 붙지도 않았고, 마음에도 와닿지 않았다. 그저 반복했을 뿐이다. 시간이 지나면서 말의 온도가 달라졌다. 목소리와 태도도 부드러워졌고, 부모님과의 대화는 점점 따뜻해졌다. 풀리지 않던 매듭이 조금씩 풀려나갔다.

가족뿐만이 아니다. 사람들과 대화하는 방식도 변했다. 전에는 상대방의 기대에 맞추려 애쓰며 내 감정을 억누르는 일이 많았다. 싫은 말도 쉽게 거절하지 못했고, 속상한 감정도 꾹 눌러 삼켰다. 더 이상 나를 감추지 않기로 결심했다. 상대에게 실망을 주지 않으려는 조바심 대신, '나를 지키는 말'을 건넬 수 있게 되었다. 표현할수록 마음은 가벼워졌다. 내면의 긴장과 압박이 조금씩 풀렸다. 사람들과의 관계도 이전보다 훨씬 솔직해지고 건강해졌다. 특히 관계에서 어려움을 느꼈던 사람들과 진심 어린 대화를 시도했다. 꺼내지 못했던 감정을 조심스럽게 풀어냈고, 내 시선과 생각을 명확히 전달했다. 일부 지인들은 갑작스러운 변화에 당황하거나 어색해하기도 했다. 곧 나의 변화를 받아들였다. 무엇보다 나 자신이 훨씬 편안하고 자유로워졌다. 관계에서 긴장이나 갈등이 생기면, 잠시 멈추어 내 마음을 먼저 살핀다. 내가 진짜 원하는 게 무엇인지, 감정이 보내는 신호는 무엇인지. 호흡을 따라가며 오롯이 바라본다. 복잡했던 관계의 실타래가 조금씩 풀리고, 마음의 짐도 가벼워졌다.

인간관계에서 어려움은 누구에게나 있다. 중요한 건 그것을 어떻게 마주하고 풀어가느냐이다. 명상으로 관계의 상처를 치유했고, 그 상처는 성찰을 낳았다. 관계가 나를 괴롭혔다는 건 착각이었다. 관계는 괴로움이 아니라 성장의 기회였다. 단언컨대, 명상과 자기 성찰은 강력했다.

복잡하고 빠르게 변하는 시대, 갈등과 스트레스는 피할 수 없다. 나는 명상을 통해 극복했다. 내 몸과 마음을 지켜주었고, 관계를 바라보는 눈을 길러주었다. 관계 속 상처를 외면하지 않고 직면할 때, 그것은 성장이 된다. 그렇게 상처는 나를 단단하게 만들고, 성장은 더 깊은 이해로 이어졌다. 관계는 고치는 것이 아니라, 내려놓는 연습일지도 모른다. 바쁘고 조급한 일상, 마음이 복잡할수록 나를 살피자. 멀리 떠나는 대신, 차분히 눈을 감고 긴 호흡을 해보면 해답을 찾을 수 있다. 고요 속에서야 비로소 나를 듣는다. 나를 이해하는 순간, 타인도 이해하게 된다. 나마스떼.

배움은 내 삶의 빛

배움은 단순히 알게 되는 것이 아니라, 다시 살아가는 힘이다.

파울로 프레이리

 이사를 했다. 모든 게 낯설었다. 그동안 몸담았던 학교에서의 기억을 지우고 싶었다. 새로운 걸 배워야겠다고 마음먹었다. 익숙한 공간을 떠난 나는, 이전과 같은 방식으로는 더 이상 살 수 없음을 직감했다. 낯선 동네, 낯선 사람들, 낯선 날들 속에서 나를 다시 살아 숨 쉬게 할 무언가가 필요했다.

 무언가를 배우면 힘이 날까 싶었다. 누구든 한 걸음 내디디려면 원동력이 필요하다. 내게 그것은 배움이었다. 단지 시간을 채우려는 게 아니었다. 다시 삶의 방향을 찾기 위한 시작이었다. 사람은 살아 있는 한 배워야 한다고 믿는다. 변화하는 세상 속에서 우리는 늘 새로운 환경에 놓인다. 그 안에서 살아가기 위해선 배우고 적응하는 능력이 필요하다. 배움은 스스로를 이해하고 성장하게 만드는 내면의 도구다. 특히 아픔을 겪은 이후, 배움이야말로 나를 다시 일으키는 힘이라는 걸 절감했다. 그렇다. 배움은 무너진 자신감을 회복시킨다. 실패와 상처에서 벗어나게 한다. 새로운 걸 하나하나 익히는 과정은 나를 다시 존중하게 만든다. 또한 배움은 고립된 일상에 활기를 불어넣는다. 아침에 눈을 뜨며 '오늘은 뭘 배울까?' 생각하는 것만으로도 하루가 달라진다. 배움은 단절되었던 세상과의 연결고리다. 지친 삶에 새로운 의미를 부여하는.

어쩌면 명분이 필요했는지도 모른다. 막연하고 애매한 거 말고, 손에 잡히는 분명한 무언가. 살아 있음을 실감하게 하고, 바라보기만 해도 가슴 뛸 만큼 설레는 무엇.

집 근처 문화센터에 등록했다. 상상도 못 했던 미용 과정이었다. 평소 나를 가꾸는 일에는 무심했다. 나중에 봉사하거나 부모님 머리카락 정도는 다듬어 드릴 요량이었다. 단순한 호기심일 수도 있었다. 재료를 구매하고 기초부터 배웠다. 처음에는 빗을 드는 손이 서툴렀고, 머리카락 한 올 자르는 데도 긴장했다. 조금씩 자신감이 생겼다.

집에서 실습해 오라는 과제가 있었다. 첫 실험 대상은 아들이었다. 바리깡을 켰을 때, 소리에 압도됐다. 뒷머리를 쓸어올리는데, 다치게 하지는 않을까 겁이 났다. 결국 멈췄다. 뒤죽박죽된 머리카락을 보며 아들에게 말했다. "모자 쓰고 미용실 가서 다듬고 와." 그 뒤론 손을 댈 수 없었다.

몇 번 더 수업에 나갔다. 사람의 얼굴과 표정을 관찰하는 법, 손을 섬세하게 움직이는 법을 배웠다. 누군가를 아름답게 만든다는 건 쉽지 않았다. 결국 컷트 기초만 수강하고 펌이나 심화 과정은 이어가지 못했다. 미용 수업은 포기했다.

그 무렵 동사무소에서 중국어 수업을 들었다. 이유는 단순했다. 외국어를 배우며 새로운 문화를 접하고 싶었다. 그 안에서 또 다른 나를 만나고 싶었으니까. 성조와 발음은 낯설고 어려웠다. 그러나 중국 교포인 선생의 지도는 매력적이었다. 그녀는 쓰기와 읽기보다 말하기와 듣기를 강조했다. 수강생 대부분은 어르신이었다. 2~3년째 꾸준히 배우고 있었다. 선생은 "계속하면 된다." 격려해 주었다. 차츰 중국어로 간단한 인사를 나눌 수 있었다. 세상이 조금 더 넓어졌다. 언어는 단순한 소통의 도구가 아니었다. 타인과 그들이 사는 세상을 이해하는 창이었다.

요가도 배움의 중요한 축이었다. 몸이 아프고 지친 시절, 요가는 내 몸과 마음을 동시에 돌보는 유일한 시간이었다. 자세 하나하나에 집중하며 호흡을 조절했다. 마음이 고요해지는 순간도 있었다. 그것도 착각이었다. 특정 동작을 할 때마다 통증이 심했다. 계속 해야 할지 의문이 들었지만, 결국 그만두었다. 강인함을 배우려 했지만, 요가는 그저 나를 천천히 돌보는 시간이었다.

우연히 보건소에서 걷기 강좌를 알게 되었다. 일정 시간 교육을 이수

하면 걷기 지도사 자격증이 나온다는 소식에 신청했다. 걷기는 누구나 할 수 있는 일이었지만, 제대로 배우고 나니 전혀 달랐다. 단순한 발걸음이 아니었다. 자세, 리듬, 근육의 움직임을 의식하는 훈련이었다. 걷기는 내 몸과 마음을 새롭게 깨우는 시간이었다.

  무엇보다 자연 속을 걷는 일은 평화였다. 척추의 정렬, 보폭의 균형, 팔의 흔들림을 세세히 배우며 몸을 다르게 인식했다. 특히 흙길이나 산책로를 걸을 때 발바닥으로 전해오는 감각은 마치 땅과 연결되는 듯한 안정감을 주었다. 나뭇잎 사이로 스며드는 햇빛, 귀를 스치는 바람은 그저 '존재하는 나'로 돌아가게 했다. 몸의 중심을 잡고 리듬에 맞춰 걸으면, 내면의 불안도 차분히 정리되었다.

  한편, 엄마가 떠올랐다. 엄마는 제주 해녀였다. 그녀의 삶을 한마디로 설명하기란 어렵다. 바람이 매섭게 부는 새벽이면 검은 고무 옷을 입고 물안경을 챙겨 바다로 향했다. 그 뒷모습을 보며 늘 마음이 철렁했다. 엄마는 단 한 번도 두려움을 내색하지 않았다. 오히려 당신이 캐온 해산물을 누군가에게 더 나누지 못함을 안타까워했다. 물질을 마치고 돌아온 엄마의 손은 늘 소금기와 추위로 거칠었다. 얼굴은 검게 그을려 있었다. 하지만 눈빛만큼은 단단하고 맑았다. 빠져들 만큼. 바다에 가지 않는 날이면 밭에서 일했다. 비바람이 몰아치는 날도, 해가 작열하는 날도 엄마는 하우스에 들어가 묵묵히 잡초를 뽑았다. 손등은 굳은살로 가득했고, 허리는 굽어 있었다. 그럼에도 불평은 없었다.

어느 날은 손바닥만 한 전복을 들고 와서는 말했다. "봐라, 이놈도 깊은 바닷속에서 버텨 자랐지. 세상은 그렇게 견디며 사는 거야." 그 말은 지금도 잊히지 않는다. 바닷속에서 숨을 참으며 전복을 따는 일은 단순한 기술이 아니었다. 숨을 고르고 기다리는 인내, 눈을 크게 뜨고 세심히 살피는 관찰, 미묘한 변화를 놓치지 않는 감각, 끝내 버텨내는 끈기. 그 모든 건 삶을 대하는 하나의 태도였다. 하루하루를 성실히 살아낸 엄마. 몸으로 삶을 살아낸 엄마. 그 모습은 내게 배움의 본질을 가르쳐주었다. 배움이란 결국, 삶을 견디는 기술이었다. 넬슨 만델라는 말했다. "나는 절대 패배하지 않는다. 이기거나 배우거나 둘 중 하나다." 그 말처럼 배움은 패배의 순간조차 새로운 시작으로 바꾼다. 지금은 물질을 할 수 없을 만큼 쇠약해진 엄마가 안쓰럽다. 하지만 엄마가 걸어온 날들은 누구보다 강했고, 단단했으며, 아름다웠다.

배움은 내게 두 번째 삶을 열어주는 열쇠였다. 고통 속에서 시작된 배움은 단순한 기술이나 지식을 쌓는 일이 아니었다. 그것은 나를 다시 살아가게 만든 작은 발걸음들이었다. 때로는 느리고 더디더라도 분명히 나를 앞으로 이끄는 힘이었다. 지금도 나는 작게라도 배운다. 글을 쓰는 법, 사람의 마음을 이해하는 법, 나 자신을 돌보는 법. 배움은 끝이 없다.

나는 그 길 위에 서 있다. 아픔이 있었기에 지금의 내가 있다. 배움은 그 아픔을 성장으로 바꾸는 가장 조용하지만 강력한 도구다. 오늘도 나는 배운다. 더 나은 내가 되기 위해, 더 단단한 삶을 위해. 배움은 내 삶의 빛이다. 아주 느리더라도, 아주 작더라도, 당신의 배움 또한 분명히 누군가의 어둠을 밝힐 것이다. 그러니 포기하지 말자. 지금 배우고 있는 그 작은 것이 당신의 인생을 다시 비출 테니까.

3
직감은 틀리지 않아

마음은 그 나름의 이유를 가지고 있다. 이성은 그것을 알지 못한다.

블레즈 파스칼

인생의 많은 순간은 선택의 연속이었다. 그 선택의 기로에 설 때마다 종종 논리와 직감 사이에서 갈등했다. 나는 오랜 시간 직감을 믿지 못했다. 감정은 불완전하다고 여겼다. 근거 없는 불편한 기분은 그저 기분 탓으로 넘기곤 했다. 시간이 흐를수록 깨달았다. 그 기분이 결코 가벼운 게 아니라는 사실을. 몸과 마음이 보내는 미세한 신호 즉, 직감이야말로 나를 지켜주는 중요한 안내자였다.

직감은 논리를 넘어서는 내면의 통찰이었다. 때로는 설명할 수 없었다. 이상하게 마음이 불안하거나 알 수 없는 끌림이 다가올 때가 있었다. 그것은 감정의 파편이 아니라, 오랜 경험과 기억, 무의식 속 판단이 순간적으로 떠오른 결과였다. 데이터보다 더 정확하고 빠를 때도 있었다. 그렇다. 직감은 내 안에 내재된 삶의 내비게이션이었다. 그걸 무시할수록 삶의 중요한 순간을 놓치곤 했다.

왜냐하면 직감은 몸과 마음이 축적한 경험과 기억의 응축이기 때문이다. 설명할 수 없는 두려움, 혹은 말할 수 없는 설렘은 그냥 지나쳐서는 안 된다. 내면의 경고이거나 초대일 수 있었다. 나는 직감을 따르지 않았을 때 여러 번 후회했다. 반대로 직감을 믿었을 때는 결과적으로 나를 지킬 수 있었다. 근거 없는 듯 보이지만, 직감은 언제나 중요한 메시지를 전달했다. 직감은 영혼이 우리에게 속삭이는 가장 솔직한 언어였다. 칼 융은 말했다. "당신의 시선이 내면을 향할 때 비로소 올바른 빛을 볼 수 있다." 직감이란 바로 그 내면에서 피어오르는 빛이었다.

몇 년 전, 사회활동 프로젝트에 참여한 적이 있었다. 커리어에 도움이 될 기회처럼 보였다. 장소는 서울의 R호텔 회의실. 천장은 높았고 벽면 조명은 은은했지만, 어딘가 차갑게 느껴졌다. 회의실 안의 공기는 냉랭했다. 참여자들의 경력은 화려했다. 그러나 인사하는데, 형식적인 느낌이었다. 정중했지만 견제하는 눈빛, 억지로 지은 미소. 마치 무대 분장을 한 듯 낯설었다. 명찰을 가슴에 달 때조차 손끝이 서늘했다.

첫 회의를 마치고 집에 돌아가는 길, 이상하리만치 가슴이 답답했다. 목이 마르지 않았는데도 물을 계속 들이켰다. 생수 한 병을 다 비워도 갈증은 가시지 않았다. 귀 뒤로 식은땀이 흘렀다. 머리로는 좋은 조건이었다. 하지만 직감적으로 이 일이 순탄치 않을 것 같았다. 그런데도 나는 그 직감을 무시했다. 결과는 예상대로였다. 프로젝트는 시작부터 삐걱거렸다. 회의 일정 하나에도 의견이 충돌했다. 팀원 간의 신뢰는 무너지고, 오해는 쌓였다. 갈등은 감정싸움으로 번졌다. 나는 점점 침묵했다. 모임이 끝나고 돌아오는 길마다 식은땀으로 잠에서 깨곤 했다. 어느 날 회의 도중 갑자기 말문이 막혔다. 한마디도 하지 못한 채 앉아 있었다. 그날 이후 나는 더 이상 이 프로젝트에 마음을 둘 수 없었다. 무엇보다 힘들었던 건, 처음부터 알고 있었는데도 왜 무시했을까 하는 후회였다. 나에게 실망했다기보다는 감정이 무거웠다. 내면의 목소리를 스스로 묵살했다는 죄책감이 오래도록 마음을 짓눌렀다. 불교에서는 이렇게 말한다. "마음이 알고 있으면서도 따르지 않으면 스스로 괴로움을 만든다." 나는 그 가르침을 뼈저리게 느꼈다. 직감은 내 마음이 보내는 가장 순수한 신호였다. 하지만 나는 세상의 논리와 조건만 좇아 그 신호를 외면했다. 결국 괴로움은 바깥에서 온 것이 아니라, 내 마음이 알고 있음에도 따르지 않았기 때문에 생긴 거였다. 직감을 무시한다는 건 곧 자기 마음과 싸우는 일이었다.

한번은 강의 준비를 마치고 교실에 들어갔다. 이상하게 긴장감이 몰려왔다. 자료도 준비되었고, 학생들도 평소처럼 조용히 앉아 있었다. 어딘가 모르게 공기가 무겁고 어색했다. 괜찮을 거라 애써 무시했다. 평소 같으면 그냥 넘어갔을 텐데, 도저히 강의를 시작할 수 없었다. 컴퓨터에 USB를 꽂고, 강의 자료를 열었다. PPT를 켜기 전, 조용히 물었다.

"혹시 오늘 무슨 일 있나요? 불편하거나 힘든 사람?"

"…."

"끄윽… 으흑… 으으…."

교실 한쪽에서 흐느끼는 소리가 들렸다. 한 학생이 고개를 숙인 채 어깨를 들썩이고 있었다. 교실은 얼어붙었다. 내 심장 박동 소리가 쿵쿵 울렸다. 나는 조용히 걸어가 학생의 옆자리에 앉았다. 따뜻한 눈빛으로 고개를 끄덕였다. 학생이 겨우 입을 열었다. 가족 문제로 큰 위기를 겪고 있었다. 얼마나 힘들었으면 수업 시간조차 감정을 숨기지 못했을까.

그날 수업은 멈췄다. 그의 이야기를 들어주었다. 이후 상담을 통해 그는 조금씩 안정을 찾아갔다. 그날 내가 직감을 무시하지 않았던 게 얼마나 다행인지 두고두고 되새겼다. '설명할 수 없는 무거움'이라는 신호가 누군가의 마음을 열어주는 열쇠가 되었음을.

가족과 저녁 먹으러 갔을 때였다. 갈비집 안은 사람들로 북적였다. 고기 굽는 소리와 사람들의 대화가 뒤섞여 있었다. 달큰한 간장 냄새가 코끝에 와닿았다. 자리를 잡고 메뉴를 고르던 중 나는 화장실로 향했다. 화장실 세면대 앞에서 손을 씻는 순간 머리가 묘하게 띵했다. 두통을 달고 살아서 대수롭지 않게 넘기려 했다. 하지만 이번에는 달랐다.

식당 안으로 다시 걸어 들어오는데 눈앞이 어지럽고 속이 메스꺼워졌다. 발걸음이 휘청였고, 조명이 흐려졌다. 다리에 힘이 풀리며 그대로 바닥에 주저앉았다. 사람들의 말소리와 접시 부딪치는 소리가 희미해졌다. '저기요! 도와주세요!' 말이 목까지 차올랐지만 나오지 않았다. 직원이 달려와 괜찮냐고 묻는 소리가 어렴풋하게 들렸다.

깨어나 보니 병원이었다. 가족들과 직원들이 119를 불렀다고 했다. 응급실에서 한참을 쉬고 나서야 정신을 차렸다. 다행히 큰 이상은 없었다. 몇 시간의 휴식을 취한 뒤 집으로 돌아왔다. 그것도 직감이었다. 내 몸이 먼저 보낸 신호. 오전부터 이어진 피로, 묘한 울렁임. 그 작은 신호들을 무시했기에 결국 몸이 강제로 나를 멈추게 한 거다. 그렇다. 직감은 말이 아니라 몸으로도 다가온다. 몸은 단연 거짓말하지 않는다. 스티브 잡스는 스탠퍼드 연설에서 말했다. "당신의 시간은 한정되어 있다. 그러니 다른 사람의 삶을 살며 허비하지 마라. 가장 중요한 건 용기 있게 마음과 직관을 따르는 것이다." 그의 말처럼, 몸과 마음이 보내는 직관은 삶을 지켜내는 마지막 안전망이었다.

직감은 내면의 소리였다. 때로는 조용하고 미묘하게, 때로는 삶 전체를 흔들 만큼 강렬하게 다가왔다. 직감은 나를 보호했고, 성장시켰으며, 더 깊은 사람으로 만들었다. 단언컨대, 직감은 위기의 순간 나를 일으켜 세우는 조언자이자 내면의 힘이었다. 이제 나는 더 이상 직감을 외면하지 않는다. 그 불편함 속에 삶의 진실이 숨어 있음을 알기 때문이다. 오늘도 나는 내 안의 소리에 귀 기울인다. 논리보다 깊고, 데이터보다 정확한 나만의 나침반.

직감은 틀리지 않았다. 덕분에 나는 매 순간 나다운 삶을 살아가고 있다. 직감은 모두에게 이미 주어진 선물이다. 다만 그것을 듣고 따를 수 있는 용기가 필요할 뿐이다. 자기 안에서 들려오는 직감을 무시하지 않기를. 혼란스러운 순간에도 마음 깊은 곳에서 울리는 작은 신호를 믿기를. 머리가 아닌 마음이 먼저 아는 것을 외면하지 않기를. 그것이야말로 우리를 지켜내는 가장 깊고도 강력한 힘이기 때문이다.

몸은 나의 집이다

자신을 돌보는 것은 사치가 아니라, 생존의 방식이다.

오드리 로드

단순한 감기인 줄 알았다. 며칠 쉬면 나아지겠지, 따뜻한 물 몇 잔이면 충분하리라 여겼다. 하지만 감기는 다섯 달이 지나도록 나아질 기미가 없었다. 아침이면 기침으로 눈을 떴고, 밤이면 코막힘으로 뒤척였다. 입술은 바짝 말랐고 뾰루지가 나거나 피가 났다. 강의를 마치고 집에 돌아오면 목 안쪽이 따끔거렸다. 한기와 피로가 온몸을 덮었다. 약을 먹지 않은 게 화근이었다. 병원을 찾아 이것저것 검사를 했지만, 특별한 이상이 없다는 말뿐이었다. 감기는 여전히 내 몸속에 머물러 있었다. 몸은 언제나 먼저 신호를 보냈다. 어쩌면 그 신호를 무시한 결과다.

"조금만 더, 이 정도는 괜찮아! 다들 이 정도는 버티잖아!"

스스로를 다그쳤다. 작은 신호를 외면하니 큰 붕괴로 이어졌다. 감기

쯤이야 하며 넘긴 게 내 삶 전체의 속도를 멈추게 할 줄이야. 이제 더는 버틸 수 없었다. 몸의 신호를 들어야 할 때가 온 거다.

몸은 도구가 아니다. 내 삶이 거하는 유일한 집이다. 기쁨과 슬픔, 사랑과 상처, 지난날의 기억이 층층이 쌓인 집. 나는 그 집을 소홀히 다뤘다. 일에 떠밀리고 사람에 치이며, 해야 할 일에 얽매여 몸의 소리를 외면했다. 몸은 모든 걸 기억할 텐데 말이다. 피로와 고통, 억눌린 감정들을. 마침내 감기라는 언어로 나에게 말을 걸어왔다. '이제 그만 좀 쉬어.'

죽을 고비를 넘기고서야 삶이 보였다. 새벽 명상을 하고, 일기를 쓰며 하루를 성찰했다. 주 5회 걷기 운동도 했다. 나름대로 몸을 챙긴다고 생각했다. 착각이었다. 감기는 여전히 곁에 있었고, 몸은 쉽게 회복되지 않았다.

어느 날, 강의를 마치고 돌아오는 길. 지하철 계단을 오르다 숨이 막혔다. 더는 올라갈 수 없었다. 폐 깊숙이 공기가 들어오지 않는 듯 답답했고, 이마까지 어지러웠다. 손잡이를 붙잡고 잠시 멈춰 서 있었다. 다리는 후들거렸고, 발바닥이 바닥에 닿는 감각조차 둔해졌다. 귀 뒤로 식은땀이 흘렀다. 겨우 건물 로비 의자에 몸을 던지듯 앉았다. 의자 등받이에 등을 기댔다. '휘이이익…' 주전자 김처럼 뜨거운 숨이 빠르게 새어 나갔다. 옷은 땀으로 젖었고, 손끝은 시렸다. 사람들의 말소리가 멀리서 희미하게 들릴 뿐이었다.

그날 밤, 침대 모서리에 앉아 있었다. 작은 움직임도 조심스러울 만큼

방 안은 유독 무거웠다. 고개를 돌려 창밖을 보니 어두웠다. 도시의 윤곽이 흐릿했다. 아파트 외벽에 반사된 네온사인 빛이 천천히 흔들렸다. 책상 위의 보이차는 이미 식어 향을 잃었다. 찻잔을 들어도 온기는 전해지지 않았다. 이불 안에 웅크렸지만, 발끝은 여전히 차가웠다. 두툼한 이불조차 몸의 온기를 되돌려주지 못했다. 몸을 살폈는데 왜 이렇게까지 지친 걸까. 혼란스러웠다. 어쩌면 몸이 아니라 마음이 문제일지도 몰랐다. 숨을 깊게 들이마셨다. 목 안쪽이 거칠게 긁히는 듯했다. 숨이 코를 타고 넘어갈 때마다 미세한 따끔거림이 폐 쪽까지 전해졌다. 가슴이 묵직했다. 심장은 평소보다 느리고 힘겹게 뛰었다. 방 안의 초침 소리가 유독 크게 울렸다. 틱틱거림 사이사이로 머릿속 생각이 끝없이 갈라지고 부서졌다. 한참을 움직이지 못한 채 앉아 있었다. 나는 쉰다고 믿었지만, 실은 아무것도 내려놓지 못하고 있었다. 그 순간 들려온 건 몸의 낮은 속삭임이었다. 목의 따끔거림, 가슴의 묵직함, 심장의 힘겨운 박동, 그리고 초침 소리까지. 모두 몸의 언어였다.

사실 이런 경험은 처음이 아니었다. 몇 해 전에도 과로로 무너졌다. 밤을 꼬박 새우며 강의 준비와 논문 마감을 했다. 책상 앞에 꼼짝하지 못하고 종일 앉아 있었다. 몇 시간째 켜져 있는 모니터 불빛이 눈을 자극했다. 문서창을 띄운 화면. 아무것도 쓰지 못한 채 키보드 위에 손을 얹고만 있었다. 눈꺼풀이 무거웠다. 억지로 일어나 창문을 열었다. 창밖 어둠조차 지쳐 보였다. 쉬는 게 좋다고 여겼다. 침대에 누웠지만 잠은 오지 않았다. 천장에 반사된 희미한 불빛을 멍하니 바라봤다. 새벽빛이 어스름하게 벽을 타고 올라왔다. 어느샌가 잠이 들었다. 눈을 뜨니 겨우 10분이 전부였다. 그렇게 아침을 맞았다. 침대에서 몸을 일으키는 데만도 한참이 걸렸다. 온몸이 눌린 듯 무거웠다. 무릎이 굳은 듯 움직이지 않았다. 조심스레 기지개를 켰다. 모래알이 들어간 듯 눈은 따가웠고, 목은 말라붙은 종이처럼 칼칼했다. 전기포트에 물을 올렸다. 컵을 꺼내려는데 손끝에 힘이 없었다. 물 끓는 소리조차 버겁게 느껴졌다. 두 다리는 바닥에 단단히 닿지 않은 듯 흔들렸다. 식탁에 앉아 김이 서린 찻잔을 멍하니 바라봤다. 나중에야 깨달았다. 몸은 이미 오래전부터 나를 붙잡고 있었음을.

어느 날, 침대에 한참을 누워 있었다. 커튼 사이로 스며든 햇빛이 희끄무레하게 천장을 비추었다. 이불을 젖히고 일어났다. 침대 모서리에 앉아 천천히 숨을 쉬었다. 그날부터 멈추기로 했다. 일정을 과감히 줄였다. 하루 한 번은 의도적으로 아무것도 하지 않았다. 핸드폰은 멀리 두고, 따뜻한 차를 마시며 온기만 느꼈다. 목을 타고 내려가는 감각에 집중했다. 놓치지 않으려고 일부러 아무것도 하지 않았다. 일기장에는 몸의 감각을 기록했다. 아침에는 목이 덜 아팠고, 낮에는 기침이 줄었으며, 저녁에는 호흡이 한결 편안했다. 변화는 작았지만 분명했다. 하루하루 몸과 마음의 리듬이 맞춰졌다. 내게 필요한 것은 더 많은 일이 아니라, 더 많은 멈춤이었다.

몸의 신호를 무시한 건 비단 나만의 일이 아니었다. 친구가 과로로 쓰러져 병원에 입원했다. "조금만 더." 그녀는 늘 스스로를 다그쳤다. 밤늦게까지 야근을 이어가며 제대로 된 식사도 챙기지 않았다. 피곤하다고 하면서도 늘 커피로 버텼다. 어느 날, 회의 도중 갑자기 어지럼증을 호소하며 쓰러졌다. 병실에서 마주한 그녀의 얼굴은 창백했다. 손은 힘없이 축 늘어져 있었다. 쓰러지고 나서야 가족에게 말했다. 자기는 괜찮을 줄 알았다고, 미안하다고.

또 다른 지인은 건강을 과신하며 운동을 게을리했다. 평소에도 본인은 체력이 원체 좋으니 괜찮다고 말하곤 했다. 잦은 피로와 잔기침을 대수롭지 않게 넘겼다. 하지만 어느 날 갑작스러운 통증으로 응급실에 실려 갔다. 결국 큰 수술을 받게 되었다. 수술 후 병실 침대에 누워 있는 그의 얼굴은 이전과 달리 작아지고 약해 보였다. 몸이 이렇게까지 무너질 줄 몰랐다고 담담히 말했다. 그렇다. 몸은 누구에게나 같은 언어로 신호를 보낸다. 피로, 통증, 어지럼증, 미묘한 불편함. 신호는 단연 사소하지 않았다. 그걸 들을 줄 아는 사람만이 무너짐을 피할 수 있다. 몸은 내 삶을 지탱하는 가장 솔직한 동반자다. 그 단순한 진리를 너무 늦게 배웠다.

불교의 한 구절이 떠올랐다. "몸은 무상하다." 젊음도, 건강도, 지금의 순간도 붙잡을 수 없다는 뜻이다. 무상을 거부하며 버티려 할수록 몸은 더 큰 고통으로 저항한다. 반대로 무상을 인정하는 순간, 몸은 돌봄의 자리가 된다. 사라짐을 두려워하기보다, 지금 숨 쉬고 움직일 수 있음을 감사하는 마음. 그것이 삶을 존중하는 길이다.

몸은 나의 집이다. 그 집이 무너지면 마음도 설 곳을 잃는다. 무너지고 나서야 알았다. 삶이 내게 요구한 건 더 많은 애씀도 성취도 아니었다. 단지 나를 아끼는 마음이었다. 무상한 삶 속에서 순간순간의 몸을 돌보는 것. 그것이 곧 나를 존중하는 길이었다. 오늘도 나는 내 몸의 속삭임에 귀 기울인다. 무상의 진리를 품고, 내 몸이 원하는 리듬에 맞추어 천천히 살아가려 한다.

5
산, 고요한 스승

고요 속에서만 비로소 영혼은 자기 목소리를 들을 수 있다.

라빈드라나드 타고르

삶이 무너질 듯 버거울 때가 있었다. 아무리 애써도 풀리지 않았다. 인간관계도 지쳤고, 몸 이곳저곳에서 이상한 신호가 예고 없이 찾아왔다. 말수가 줄었고, 표정은 어두워졌다. 생각이 많아질수록 마음이 답답했다. 일상에서 숨 쉴 틈이 필요했다. 아무 말 없이 운동화를 신고 집을 나섰다. 발길이 닿은 곳은 동네 뒷산이었다. 무심코 오른 강매산. 전환점이 될 줄은 그땐 미처 몰랐다.

처음엔 숨이 찼다. 이마에 땀이 흘렀고, 다리는 후들거렸다. 이상했다. 올라갈수록 마음이 가벼워졌다. 한 걸음 내디딜 때마다 머릿속을 짓누르던 고민이 흩어졌다. 그날 알았다. 산은 마음을 비우고 정리하는 자연스러운 명상의 시간이 될 수 있다는 것을.

산에 가면 말이 줄어든다. 사람들과 함께 올라도 어느 순간엔 각자 자기 호흡에 집중한다. 침묵 속에서 나를 더 많이 만난다. 나무 사이로 불어오는 바람, 발끝에 닿는 흙과 돌, 부스럭거리는 낙엽 소리, 멀리서 들리는 새소리. 자연의 모든 것이 나에게 말을 걸었다. 산은 생각의 속도를 늦추게 했다. 그 시간이 쌓이면서 조금씩 회복되었다.

한국의 100대 명산을 찾아다니기 시작했다. 처음엔 혼자였다. 누구의 방해도 받지 않고 오롯이 나와 마주하기 위해서였다. 봄날, 강화도의 마니산을 홀로 올랐다. 초입에 연두빛 새순이 햇살에 반짝였다. 길가엔 들꽃이 피어 있었고, 봄바람이 뺨을 스쳤다. 나무 사이로 들어오는 햇살이 땅을 감싸고, 새소리에 미소가 번졌다. 작은 돌이 박힌 흙길은 발바닥을 간질였다. 이마에는 땀이 맺혔고, 셔츠는 등에 붙어 서서히 젖었다. 여벌로 가져온 겉옷을 입었다. 땀이 식으면 추울 테니까. 오르막을 오르는데 무릎이 당기고 호흡이 거칠어졌다. 바위를 짚으며 짧은 숨을 몰아쉬었다. 얼굴은 굳었지만, 마음속에서는 다양한 문장이 흘러갔다. 눈은 점점 맑아졌다. 정상에 도착했을 때 멀리 바다가 보였다. 하늘은 유난히 투명했다. 바위에 앉아 오래 풍경을 바라보았다. 그 순간, 나와 함께 있었다.

"과연 올라갈 수 있을까요?"
"우리 천천히 올라가 보자구요. 오늘은 서두를 필요 없으니까."

한겨울, 오대산에 올랐다. 일정은 험했지만, 사전 준비를 철저히 했다. 상원사 탐방지원센터를 출발해서 원점 회귀하는 코스였다. 새벽 6시 출발. 산 입구부터 눈이 수북했다. 어둑한 산길에 눈보라까지 쳤다. 눈이 정강이까지 빠졌다. 발을 내디딜 때마다 뽀드득 소리가 울렸다. 눈이 스며든 양말 속 발끝은 서서히 감각이 무뎌졌다. 발목에서 허벅지까지 이어지는 근육이 얼어붙은 듯 당겼다. 숨은 거칠어지고, 입김은 하얗게 공중에 흩어졌다. 몇 걸음 걷지도 않았는데 이마에 땀이 맺혔다. 뺨에 닿은 눈송이는 체온에 녹아 가볍게 흘러내렸다. 산은 고요했다. 가끔 나뭇가지 위 눈이 무너져 바닥에 툭툭 떨어졌다. 그 소리조차 메아리쳤다. 거친 숨소리만 들릴 뿐 아무 말 없이 올랐다. 걸음을 멈추고 숨을 고를 때마다 들숨과 날숨에 섞인 한기가 나왔다. 이유는 알 수 없지만, 가슴이 뻥 뚫리는 듯했다.

　정상에 가까워질수록 눈발은 더 잦아지고, 모자 위로 포근히 내려앉았다. 정상에 올라서자, 세상은 하얀 이불을 덮은 듯 고요했다. 바람도 멎었다. 배낭을 내려놓고 크게 숨을 들이쉬고 내쉬었다. 힘들었던 기억은 녹아내렸다. 우리는 말없이 풍경을 바라보았다. 침묵 속에서 각자의 마음을 정리했다. 지인이 말했다. "이렇게 조용한 건, 오랜만이네." 나는 웃으며 답했다. "산이 말을 걸어올 때는, 마음이 고요해야 들을 수 있는 것 같아요." 그날 산행은 도전 이상이었다. 나를 향한 작은 순례이자 내면의 긴 호흡이었다.

가족과 함께한 산행도 있었다. 남편, 아들, 두 딸과 함께 북한산을 올랐다. 새벽에 일어나 김밥을 싸고, 뜨거운 물과 간식을 배낭 가득 챙겨 출발했다. 이른 아침, 바람이 아직 차가웠지만, 햇살이 능선을 타고 있었다. 등산 초입부터 아이들은 졸리고 배고프다며 투덜거렸다. 미소만 지을 뿐 그저 묵묵히 발걸음을 옮겼다.

바윗길이 시작될 무렵, 잠잠하던 큰딸이 갑자기 "언제 도착해?" 묻는다. 둘째가 보탰다. "배고파…." 우리는 잠시 쉬며 간식을 먹기로 했다. 주먹밥, 삶은 달걀, 오이와 방울토마토, 초콜릿, 컵라면까지 펼쳤다. 아이들은 금세 조용해졌다. 뺨에는 땀이 맺혀 있었다. 평소 말수가 적던 아들도 자연스레 대화했다. 가파른 오르막에서는 함께 숨을 헐떡이며, 몇 번이나 잠시 멈춰 서로의 속도를 맞췄다. 돌길을 오를 때는 집중해서 손을 짚었다. 숨이 거칠어지고, 말수가 줄었다. 무릎이 시큰거렸지만, 발걸음은 흐트러지지 않았다. 남편이 손을 내밀면 나는 고개를 끄덕이며 잡았다. 들꽃을 보며 감탄하고, 조심스럽게 발을 디디며 연신 숨을 고르곤 했다. 어느 순간부터는 내가 먼저 아이들 손을 이끌었다.

마침내 백운대 정상에 도착했다. 바람은 거세게 불었다. 멀리 시야가 탁 트였고, 풍경이 한눈에 들어왔다. 아이들은 환호하며 올라오길 잘했다고 말했다. 먼저 정상을 배경으로 사진을 찍었다. 적당한 자리에 돗자리를 깔고 김밥을 먹었다. 꿀맛이었다. 바위 틈새에 뿌리를 붙잡은 나무를 신기하게 바라보던 큰딸이 말했다. "엄마, 이 풍경 평생 기억할 거야." 둘째도 외쳤다. "엄마, 머릿속이 시원해졌어. 마음도." 아들이 말했다. "엄마, 생각보다 괜찮은 하루였어요." 말은 많지 않았지만, 우리는 같은 기억을 공유했다. 산에서 서로의 마음을 들여다보았고, 한 걸음 더 가까워졌다.

    아들과 종종 산을 올랐다. 그날은 광주 무등산에 갔다. 아침 공기는 서늘했고, 풀잎마다 이슬이 맺혀 있었다. 초입은 흙길이었고, 신발 밑창에 흙이 달라붙었다. 억새가 바람에 흔들리며 바스락거렸고, 길은 점점 돌길로 바뀌었다. 바위를 짚을 때마다 거친 표면이 손바닥에 닿았다. 아들의 운동화가 바위에 스치는 소리가 짧게 울렸다. 능선에 가까워지자, 바람이 거세졌다. 바람 속에는 흙냄새와 나무 냄새가 섞여 있었다.
    중턱에서 도시락을 꺼냈다. 김밥은 이미 식어 있었지만, 따뜻한 물 한 모금이 몸을 데웠다. 정상에 이르자 사방으로 바위가 병풍처럼 둘러싸여 있었다. 바위틈마다 풀이 자라 있었고, 바람은 낮게 울리며 귀를 스쳤다. 발아래로는 도시가 펼쳐지고, 멀리 호수가 햇빛에 반짝였다. 바위 표면에 손을 대니 햇볕을 받아 미지근하게 데워져 있었다. 무등산은 이름처럼 누구에게나 같은 길과 풍경을 내주었다. 산 앞에서는 높고 낮음이 사라졌다. 남녀노소 모두 똑같이 땀 흘리며 오를 뿐이었다. 결국 사람을 앞으로 나아가게 하는 것은 호흡과 발걸음뿐임을 무등산은 보여주었다. 그 산길에서 나는 아들과 함께 그저 한 '존재'로 서 있었다.

    산은 나를 다시 일으켜 세운 고요한 힘이다. 숨 가쁘게 달리던 일상에서 벗어나 내가 나를 만날 수 있게 해주었다. 걷는 동안 나는 나를 이해했다. 정상에 설 때마다 나를 용서했다. 파울로 코엘료는 말했다. "산을 오를 때마다 내 안의 침묵이 커졌다. 그 침묵이 나를 가장 정확한 방향으로 이끌었다." 삶을 살다 보면 누구나 자기만의 신화를 찾아가는 순간이 온다. 산은 나에게 그 길을 보여주었다.

  단언컨대, 산은 살아 있는 위로이자 침묵 속의 스승이다. 지금도 나는 산을 찾는다. 발끝에 닿는 흙의 감촉, 나뭇잎 사이로 스며드는 햇살, 바람이 실어 오는 고요 속에서 다시 살아갈 힘을 얻는다. 산을 오르듯 삶도 한 걸음씩 천천히 나아가려 한다. 누군가에게 산은 높이지만, 나에게 산은 깊이다. 오늘도 나는 내 안의 길을 걷는다. 세상의 속도를 따르기보다 나만의 고요한 리듬으로 살아가는 것. 그것이야말로 진짜 나에게 닿는 길임을 산이 가르쳐주었다.

6
함께 부르는 삶의 노래

음악은 인류의 보편적인 언어다.

헨리 롱펠로우

"혹시, 노래해 본 적 있어요? 그냥, 사람들이랑 같이."

누군가 던진 무심한 질문이 오래 남았다. 노래라니. 어릴 적에는 당연히 했던 일인데, 어느새 낯선 단어가 되어 있었다. 강의와 상담으로 바쁜 날들이 이어졌지만, 마음은 점점 메말라갔다. 하루하루가 단조롭고 무미건조하게 흘렀다. 내가 나를 잃어가는 듯했다. 그때 합창을 시작했다. 내 삶에 또 하나의 문이 열리는 순간이었다.

처음 합창단에 들어갔을 때, 모든 게 낯설었다. 사람들은 악보를 손에 든 채 삼삼오오 모여 있었다. 나이도 직업도 다양했다. 한쪽에서는 농담이 오갔고, 다른 쪽에서는 목을 푸는 소리가 울렸다. 나는 조용히 구석에 앉아 악보를 펼쳤다. '내 목소리가 튀지는 않을까, 흐름을 망치지는 않을까.' 긴장과 걱정이 뒤섞였다. 그러나 곧 알게 되었다. 합창은 단순히 노래를 부르는 일이 아니었다. 각자의 호흡이 만나고, 서로의 감정이 스며들며, 닫힌 마음이 열리는 과정이었다. 혼자서는 결코 만들 수 없는 소리, 그것이 합창이었다.

내가 들어간 첫 합창단은 '코치 합창단'이었다. 코칭 공부 중 만난 지인의 권유로 가보니, 그가 지휘자였다. 단원들은 교사, 회사원, 주부 등 제각각이었지만, 노래와 코칭을 함께 나누며 묘한 힘이 만들어졌다. 연습실 한쪽에서 피아노가 울렸다. 묵직한 저음이 연습실 공기를 흔들었다. 단원들은 악보를 펴고 각자의 자리에서 목을 풀었다. 지휘자의 손짓에 따라 발성 연습이 시작됐다. "아아아아아-." "에에에에에-." "우우우우우-." 단조로운 발성이었는데, 가슴이 벅차올랐다. 이유 없이 눈물이 쏟아졌다. 오랫동안 눌러왔던 감정이 소리와 함께 터져 나온 듯했다. 지휘자가 연습을 멈췄다.

"지금 뭘 느꼈죠? 소리만 내는 게 아니라, 그 안에서 코치님이 나온 겁니다."

모두의 시선이 나를 향했다. 얼굴이 화끈거렸다. 고개를 숙였는데, 누군가 휴지를 건네주었다. 눈물을 닦고 다시 노래를 이어갔다. 피아노 소리와 목소리가 하나가 되었다. 단 10분이었지만, 치유의 과정이었다. 그 시간 속에서 지금도 이어지는 소중한 인연을 만났다.

몇 달간 연습한 끝에 작은 공연 무대에 올랐다. 공연 전날, 긴장과 설렘으로 잠을 설쳤다. 무대에 오르자 눈부신 조명이 얼굴을 비췄다. 손바닥은 축축했고, 숨소리는 빨라졌다. 옆에 선 단원들의 얼굴이 보였다. 그 눈빛은 위로였다. 나 혼자가 아니라는. 첫 소절이 울려 퍼지자, 무대 위 공기가 진동했다. 관객의 표정은 흐릿했지만, 그들의 호흡이 무대까지 전해졌다. 노래가 끝난 뒤 터져 나온 박수는 함께 만든 울림에 대한 응답이었다. 그날은 내 삶에서 가슴 벅찬 순간 중 하나였다. 그러나 시간이 지나면서 단원들 사이에 작은 오해와 긴장이 쌓였다. 연습이 끝나면 뒷말이 이어졌다. 즐거워지자고 시작한 일이 점점 무거워졌다. 언니와 마음을 나눈 끝에 결국 합창단을 떠났지만, 합창의 울림은 오래 남았다.

이후 '함께 그린 합창단'에 들어갔다. 후원 단체가 만든 봉사 합창단이었다. 매주 목요일 저녁, 광화문 연습실에 모여 노래했다. 연습실 문을 열면 먼저 커피 향이 코끝을 스쳤다. 누군가 가져온 따뜻한 종이컵 커피와 한쪽 탁자 위에 놓인 바나나, 빵, 과자에서 풍기는 냄새가 뒤섞였다. 간단히 이야기를 나눈 후, 악보를 펴고 호흡을 맞췄다. 다른 목소리들이 겹치며 하나의 선율이 만들어졌다.

봉사 공연은 특별했다. 어느 날 어린이집을 찾았다. 무대라기보다 아이들 앞에 놓인 작은 공간에 서서 노래했다. 아이들은 반짝거리는 눈망울로 바닥에 둥글게 앉아 있었다. 한 아이가 양손을 높이 흔들며 환하게 인사하자, 파도처럼 번져 모두가 환하게 웃었다. 우리가 노래를 부르자, 따라 부르거나 연신 까르르 웃었다. 신나게 리듬을 타며 작은 손으로 박수를 치기도 했다. 단순한 멜로디였지만 모두를 하나로 만들었다. 그날의 노래는 살아 있는 언어였다.

또 다른 날, 장애인 시설에서 공연했다. 휠체어에 앉은 아이들이 앞줄에 있었다. 그들의 눈빛은 또렷했고, 작은 손이 박자를 타며 공중을 그렸다. 한 아이는 두 손을 마주쳐 손뼉을 치다가, 갑자기 우리와 눈이 마주치자 환하게 웃었다. 그 미소는 말보다 깊은 울림이었다. 마치 함께 있다는 사실을 온몸으로 알려주는 듯했다. 노래가 끝난 뒤에도 아이들의 웃음소리와 손뼉 소리가 귀에 오래 남았다. 그 자리는 함께 호흡하고 존재하는 시간이었다.

세종문화회관 소공연장에서의 무대도 선명하다. 관객석이 바로 눈앞에 있어 얼굴 하나하나가 보였다. 밝은 조명에 더 빛났고, 무대 위의 열기가 느껴졌다. 조명 아래에 서자 이마에 땀이 송골송골 맺혔다. 손끝은 긴장으로 떨렸지만, 노래가 시작되자 곧 편안해졌다. 관객의 시선은 집중되어 있었고, 그들의 숨결이 노래와 뒤섞여 무대 위로 번졌다. 작은 공연장이었지만 울림은 오히려 더 깊고 강렬했다. 마치 심장 박동까지 공유하는 듯한 감각이었다.

정기 공연을 앞두고 춤이 들어간 곡을 준비한 적도 있다. 〈잘했군 잘했어〉라는 곡에서, 나는 무대 앞에서 춤을 춰야 했다. 아무리 연습해도 스텝이 꼬였다. 아이들이 나서서 동작을 알려주었다.

"엄마, 여기서는 발을 오른쪽으로!"

공연 날, 아이들이 가르쳐준 대로 했다. 조금 어색했지만, 무사히 해냈다. 공연장 객석에는 가족과 지인이 앉아 있었다. 무대 위에서 그들을 보자 웃음이 났다. 아이들의 응원은 내 몸을 더 가볍게 했다. 공연이 끝난 뒤 서로 나눈 눈빛과 포옹은 나를 다시 일으켜 세웠다.

합창은 나의 또 다른 일상이 되었다. 봉사와 예술이 결합한 활동은 단연 만족스러웠다. 단원들과 함께 준비하고 무대에 서는 과정은 언제나 설렜다. 그러나 후원 단체의 지원이 끊기며 합창단은 해체되었다. 아쉬움이 컸지만, 음악이 사라져도 관계는 남았다. 음악이 이어준 마음의 힘을 알게 되었기 때문이다.

〈코러스〉라는 영화가 있다. 문제 학생들과 음악 교사의 만남을 그린 작품이다. 교사는 학생들에게 음악을 통해 다가갔다. 무관심과 반항으로 가득했던 아이들은 결국 합창 속에서 변화했다. 나 역시 그랬다. 합창은 단순한 예술 활동이 아니었다. 서로의 숨결을 느끼고, 내면을 표현하며, 함께 조화를 이루는 삶의 방식이었다. 무대 위에서 나는 긴장과 해방을 동시에 경험했다. 어떤 날은 완벽한 하모니가 만들어졌고, 어떤 날은 흔들리기도 했다. 그러나 모든 순간이 나를 단단하고 유연하게 만들었다.

인생은 솔로가 아니다. 긴 합창이다. 누군가의 목소리가 앞서거나 뒤처지지 않도록 귀 기울여야 한다. 필요할 때는 쉼표도 넣어야 한다. 그것이 삶이다. 빅토르 위고는 말했다. "음악은 말할 수 없는 것을 표현하고, 말할 수 없는 것을 침묵하게 한다." 합창은 내 삶의 또 다른 언어였다.

노래했던 날들은 내 삶의 아름다운 전주곡이었다. 삶은 누군가와 박자를 맞추고 음을 나누며 완성되는 노래다. 혼자 부르면 어색한 멜로디도 함께 부르면 곡이 된다. 목소리는 다 다르지만, 그 다름이 모여 더 풍성한 하모니를 만든다. 합창 속에서 나는 내 목소리를 사랑하게 되었다. 서툴렀던 시간도, 어긋났던 관계도, 결국은 함께 완성해 가는 노래의 일부였다.

7
봉사가 준 선물

다른 사람을 들어 올리려 손을 내밀 때, 우리 자신도 함께 올라간다.

마틴 루터 킹 주니어

"엄마, 이번 주에도 봉사 가는 거야?"

아이들이 가끔 묻곤 했다. 그 질문은 언제 들어도 가볍지 않았다. 아이들에게 봉사란 '엄마랑 어딘가에 가는 일' 정도였을지 모른다. 그러나 내게는 삶을 지탱해 주는 중요한 의미가 있었다. 우리 가족은 오랫동안 한 달에 한 번 정기적으로 봉사에 참여해 왔다. 처음엔 특별한 이유라기보다 자연스럽게 시작했다. 일상에서 우리가 가진 것을 조금 나누고, 누군가에게 작은 힘이 되고 싶었다.

가족이 함께 나간 봉사활동은 다양했다. 시설 청소와 목욕 봉사, 지역 행사 지원, 환경 정화 활동까지 종류도 많았다. 아이들은 어린 손으로 빗자루를 잡고 바닥을 쓸기도 했고, 행사장에서 나눠주는 물건을 사람들에게 건네기도 했다. 때로는 지루해하기도 했지만, 함께 끝낸 뒤의 뿌듯한 미소는 잊을 수 없다. 아이들이 이런 경험을 통해 나눔이 무엇인지, 나눔이 어떻게 마음을 채워주는지 직접 몸으로 배웠으면 했다. 그저 말로 가르치는 것이 아니라, 삶으로 전해주고 싶었다.

그렇게 이어가던 봉사에 전환점이 찾아왔다. 산림청에서 주관하는 '숲길등산지도사' 자격 과정을 수료하게 된 거다. 처음에는 새로운 배움의 기회라 생각했는데, 과정 중 몸이 불편한 이들과 숲길을 함께 걷는 활동을 경험하게 되었다. 숲에서의 동행은 이전까지의 봉사와는 또 다른 울림을 주었다. 청소나 행사 지원이 '손을 내미는 나눔'이었다면, 숲에서의 동행은 '함께 호흡하는 삶'이었다. 수료 후에도 자주 봉사에 참여했다. 아이들과 함께하며 삶을 따뜻하게 덮어주었고, 숲길을 동행하며 마음의 결을 더 단단하게 다졌다. 내 안의 깊은 상처와도 대화를 나누는 시간이었다.

봉사는 누군가를 돕는 행위에서 머물지 않았다. 봉사를 통해 삶의 상처와 무게를 마주할 수 있었다. 내가 무엇을 가지고 있는가, 그 의미는 무엇인가를 다시 묻게 했다. 아이러니하게도 돕는다고 생각한 순간, 오히려 도움을 받고 있었다. 상대를 통해 내 내면이 치유되는 경험을 한 거다. 그것이 봉사가 내게 준 가장 큰 선물이었다. 처음 봉사를 시작했을 때는 단순했다. 선의를 실천한다는 마음, 좋은 일을 하고 싶다는 작은 다짐이었다.

　시간이 흐르면서 알게 되었다. 봉사는 일방적으로 주는 행위가 아니라는 것을. 주고받음의 균형이 아니라, 서로에게 스미드는 깊은 교감의 과정임을. 다른 사람을 도우며 내 존재의 의미를 확인했다. 내가 여기에 있고, 나는 누군가에게 닿을 수 있음을 알아차렸다. 그것은 보람을 넘어 삶의 균형을 조금씩 회복했다. 무언가를 내어주었다고 믿었던 자리에서 사실은 더 큰 평온과 용기를 얻고 있었다. 내가 한 봉사의 크기와 방식은 늘 소박했다. 다만, 봉사의 순간마다 내 마음은 더 넓어졌고, 내 삶은 더 단단해졌다. 내가 건넨 작은 시간과 손길이 결국 나 자신을 치유하고 있었다.

　숲길등산지도사 자격을 딴 후, 지체장애인들과 함께 숲길을 걷는 봉사를 이어왔다. 첫날의 기억은 아직도 생생하다. 휠체어를 탄 참가자들과 북한산 우이령길을 걸었다. 처음엔 완만한 숲길이었다. 참가자들과 우리는 아직 이름도 얼굴도 익숙지 않은 사이였다. 자갈 위를 구르는 휠체어 바퀴 소리와 흙을 밟는 발소리, 그리고 공기 속에 섞인 흙냄새와 나뭇잎 냄새가 우리를 묵묵히 이어주고 있었다. 완만한 숲길, 자갈 위를 구르는 바퀴 소리, 발밑에서 느껴지는 흙의 감촉, 공기 속에 섞인 흙냄새와 나뭇잎 냄새가 우리를 이어주었다. 바람은 잎사귀를 스쳤고, 풀잎 사이 햇살은 따스했다. 멀리서 새 소리도 들렸다. 이 모든 건 그들과 함께 듣는 자연의 음악이자 회복의 언어였다.

40대 중반의 한 남성과 조를 이뤘다. 그는 말수가 적었다. 휠체어를 밀어주자, 고개를 살짝 끄덕였다. 걷다 보니 교통사고로 하반신이 마비되었다는 이야기를 들을 수 있었다. 중간쯤 멈춰 간식과 물을 나눌 때, 그는 담담히 말했다.

"다시는 숲길을 볼 수 없을 줄 알았어요."

그의 눈가에는 물기가 맺혀 있었다. 회한과 충만함이 동시에 비쳤다. 말없이 옆에 앉아 숲을 바라보았다. 이끼 낀 돌, 물기 오른 나무껍질, 그 위로 천천히 기어가는 작은 벌레. 그를 향해 말했다.

"저기 벌레 좀 보세요."

그는 한참 동안 눈을 크게 뜨고 바라보았다. 바람이 잔잔히 불자, 휠체어 손잡이에 걸린 현수막이 나풀거렸다. 나는 눈을 감고 깊게 숨을 들이마셨다. 숲의 내음이 촉촉하게 스며들었다. 말은 필요하지 않았다. 우리는 서로의 존재를 인정하는 고요한 순간을 함께했다. 휠체어 바퀴가 남긴 흔적은 내 마음에도 선명하게 남았다. 봉사는 도움을 주는 자리가 아니라 함께 시간을 살아내는 동행임을 배웠다. 첫 트레킹 이후, 참가자 한 명 한 명을 더 깊이 살폈다. 더 세심하게 말을 걸었고, 함께 있는 시간에 마음을 온전히 기울였다.

비공개 보호 시설에서 봉사하는 날이었다. 그날은 목욕 봉사가 주된 일정이었다. 대부분 정신적·신체적 어려움을 지닌 이들이었다. 한 달에 한 번 찾아가는 게 늘 미안했다. 마지막 순서는 누워 지내는 와상환자였다. 말은 할 수 없었지만, 마주친 눈동자는 또렷하게 내 손끝을 따라 움직였다. 남자 봉사자들의 도움으로 탈의실로 이동했다. 한참 만에 옷을 벗겨 조심스레 욕실로 모셨다. 봉사자 두 명이 겨우 들어갈 수 있었다. 이미 다른 분들이 목욕을 마친 뒤라 타일 바닥은 축축했고, 미끄러웠다. 공기 중에는 약품 냄새와 비누 향이 섞여 있었다. 한 분이 그녀를 안아 작은 욕조에 몸을 담그자, 따뜻한 물수건으로 등을 닦았다. 그때마다 그녀의 어깨가 미세하게 떨렸다. 오랫동안 쌓였던 외로움이 피부를 타고 흘러나오는 듯했다. 머리를 감길 때는 나도 식은땀이 났다. 시간을 들여 천천히 씻기고, 탈의실로 모셔 로션을 발라 드렸다. 단정해진 그녀를 보며 환해졌다고 칭찬했다. 정확하진 않지만, '시원하다' 말하는 눈빛이었다. 속으로 되뇌었다. '내 아픔은 정말 아주 작은 것이구나.' 누군가의 하루에 작은 편안함이 되는 일이 얼마나 큰 의미인지 절감했다.

식사 봉사와 청소 봉사도 단순하지 않았다. 식판 위에 따뜻한 밥을 퍼담아 건넸다. 혼자 먹는 분도 계셨지만, 물조차 챙겨줘야 하는 이들도 있었다. 식판 위에 묻은 자국을 천으로 닦았다. 식사 시간은 조용했다. 수저가 그릇에 부딪히는 소리만이 간간이 울렸다. 설거지는 다른 봉사자가 하기로 하고, 유리창을 청소했다. 2층이라 조심스러웠다. 창문 틈새로 스며드는 오후 햇살이 바닥에 비스듬히 내려앉았다. 빗줄기 속으로 먼지가 보였다. 묵묵히 걸레질했다. 마음 어딘가가 정화되는 듯했다. 매번 갈 때마다 익숙하지 않은 환경이었다. 큰 소리로 감사를 표현하지 않았지만, 그들의 눈빛과 몸짓은 분명한 전언이었다. 그 전언을 들으며 나를 돌아봤다. 내가 겪어온 아픔은 어쩌면 아주 사소한 것일지도 모른다는 겸허함을 배웠다.

다른 사람을 돕는 일이 봉사인가? 아니다. 사람과 사람을 이어주는 일이 봉사였다. 그 연결은 내 삶에 단단한 울림을 주었다. 누군가의 손을 잡았을 뿐인데. 내 안의 아픔이 어루만져졌다. 어떤 날은 내가 위로했고, 또 어떤 날은 내가 위로받았다. 봉사의 길은 일방적인 나눔이 아니었다. 서로에게 교감이 되는 여정이었다. 결과가 아닌 과정. 서로를 조금 더 인간답게 만드는 길. 작은 미소 하나, 다정한 말 한마디가 때로는 한 사람의 인생을 바꿀 수도 있었다.

매번의 만남이 나를 바꾸었다. 내가 건넨 손길은 결국 내 삶의 방향을 다시 정돈해 주었다. 단언컨대, 봉사는 내게 삶의 가치를 일깨워 준 확실한 길이었다. 분주하고 복잡한 일상에서 발견한 선물이었다. 그들이 내 마음을 열었다. 나 역시 그들에게 닿고 싶다. 오늘도 한 사람에게 다가간다. 크지 않아도 좋다. 작지만 따뜻한 울림이면 충분하다. 그 울림이 또 다른 울림이 되어 세상 어딘가에서 누군가의 삶을 바꾸고 있을 테니까.

8
무너진 자리에서 다시

인생의 균열은 당신을 무너뜨리려는 것이 아니라, 그 틈으로 빛이 들어오게 하기 위한 것이다.

레너드 코헨

"엄마, 저 좀 데리러 와줄 수 있어요?"
"왜 그래? 무슨 일이니?"
"엄마… 나 다쳤어요."
밤 9시. 학원에서 걸려 온 전화였다. 평소와 달랐다. 아이의 목소리에 떨림이 있었다. 여러 차례 이유를 묻자, 대답 대신 흐느끼는 소리뿐. 심장이 철렁, 머릿속이 하얘졌다. 차를 몰고 가는 내내 심장이 조여들었다. 학원 입구 의자에 앉아 있는 아이가 보였다. 눈가가 붉고 얼굴은 눈물범벅이었다. 운동하다 다친 듯 트레이닝 복장이었다. 무릎 근처가 젖어 있었다. 얼굴빛은 창백했다. 급히 근처 정형외과 응급실로 갔다. 의

사는 차분히 말했다. "아직은 부어 있어서 아무것도 할 수 없습니다." 아파서 걷지도 못하는데 할 게 없다니. 당황스러웠다. 아이도, 나도 아무 말도 하지 못했다. 체대 입시 실기시험을 불과 3일 앞두고 일어난 사고였다. 아이는 더 이상 울지 않았다. 다문 입술과 눈빛 속에 모든 감정이 담겨 있었다. 허망함, 두려움, 절망이 동시에 느껴졌다. 아이 마음이 어떨지 짐작조차 힘들었다. 내일 무슨 말을 해줘야 할까. 새벽까지 고민하다 겨우 잠들었다.

삶은 예고 없이 무너진다. 공들여 쌓아온 것이 한순간에 무너질 때가 있다. 하지만 무너진 자리는 끝이 아니다. 다시 시작할 수 있는 또 하나의 입구이기도 하다. 우리는 실패 속에서 단단해지고, 상처 속에서 깊은 통찰을 얻는다. 실패는 방향을 바꾸는 순간이다. 시야를 넓혀 내면을 성숙하게 만드는 힘도 있다. 좌절은 우리가 무엇을 진짜 소중히 여기는지를 비추어 주기도 한다. 무너짐은 아프다. 다만, 그 자리에 머무르지 않고 다시 일어서는 힘이야말로 삶의 본질적인 회복력이다.

다음 날 정형외과에서 엑스레이를 찍었다. 인대가 나간 것 같다고 했다. 며칠 후 종합병원에서 MRI를 찍고 나서야 확실히 알았다. 십자인대가 끊어졌다. 수술이 필요했다. 의사의 설명이 들려왔지만, 머릿속에 들어오지 않았다. 일정과 염증 문제로 수술은 3개월 뒤에나 가능했다. 당분간 아이는 목발을 짚고 생활해야 했다.

간호 병동이라 보호자가 함께 있을 수 없었다. 면회 시간에 병실을 찾았다. 아이는 꺼이꺼이 울었다. 그저 안아줄 뿐 달리 할 수 있는 게 없었다. 병원 면회실 의자에 앉아 아무 말 없이 함께 시간을 견뎠다. 수술 며칠 뒤, 발이 붓고 피가 쏠리며 통증이 심해졌다. 외래 진료를 예약했다. 대기하는 내내 아이는 불안해 보였다. 의사는 시간이 지나면 괜찮다고 했다. 여러 질문에도 성의 없이 답했다. '수술 후 흔히 나타나는 증상.' 아이 얼굴에는 불만이 가득했다. 통증 때문일 거라 여겼지만, 나중에 의사 태도에 화가 났다고 말했다. 벌겋게 부은 발을 보며 나도 한숨이 나왔다. 어떻게든 안심시켜 주고 싶었는데 쉽지 않았다. 조심하라며 목발을 건넸다. 처치를 끝낸 간호사가 말했다.

"어머니, 참 친절하시네요. 이런 상황에 승질만 나던데… 난 나쁜 엄마인가 봐요."

처음엔 무슨 영문인지 몰랐다. 그저 웃으며 넘겼다. 내가 특별히 친절한 사람이어서가 아니다. 무너진 아이와 함께 하루하루 버티고 있었기 때문이다. 나 역시 불안했고 흔들렸다. 다만, 아이 앞에서는 담담하려 애썼을 뿐이었다.

아이는 여전히 목발을 짚고 있다. 간간이 통증을 호소할 때마다, 더 좋은 일이 있으려고 이런 시련이 왔다고, 곧 괜찮아질 테니 힘내라 말했다. 돌이켜보면 간호하는 동안 생각이 변했다. 실패 앞에서 더 이상 완벽을 고집할 순 없었다. 오히려 불완전한 오늘을 받아들이는 법을 배웠다. 매일 명상하고 글을 쓰며 내 감정을 정리했다. 글을 쓰면 쓸수록 내면의 목소리가 들렸다. "괜찮다." "지금 이대로도 충분하다." 그렇게 나를 다독였다.

"엄마, 대학 못 갔다고 인생이 끝나는 건 아니잖아요. 뭐라 말 좀 해봐요."
아이의 말이 가슴에 훅- 들어왔다. 입술이 붙은 듯 아무 말도 나오지 않았다. 나의 열아홉이 떠올랐기 때문이다. 나 역시 대학 입시에 떨어진 적이 있었다. 부모님은 큰소리로 책망하지 않았다. 그러나 말 없는 반응이 벽처럼 느껴졌다. 친구들의 합격 소식은 공허하게 들렸다. 괜찮은 척했지만, 방에 들어오면 눈물이 먼저 터졌다. 결국 재수를 선택했고, 부산 고모 댁에 머물렀다. 작은 방 한 칸이 내 생활의 전부였다. 고모의 배려도, 가족들의 대화 소리도 불편했다. 식사 때마다 조심스러웠다. 눈칫밥을 먹어서 그런지 자주 속이 쓰렸다. 이 공간에서 차지하는 나의 존재감. 그저 머물다 갈 손님일 뿐이라는 생각에 사로잡혔다. 공부에 집중하려 했지만 작은 소리 하나에도 예민했다. 책상에 오래 앉아 있을수록 몸은 점점 굳어갔다. 학원에 다니며 매일 같은 길을 걸었다. 낯선 공기 속에서 발걸음은 늘 무겁고 고독했다. 처음엔 서로 인사조차 나누지 않던 수강생들과 조금씩 어울리게 되었다. 학원 복도의 분필 냄새, 자판기 커피 소리, 책장 넘기는 소리 틈에서 각자의 아픔을 안고 하루를 버텼다. 점심 도시락을 나누고, 가끔은 옥상에 올라 눈물 섞인 이야기를 나누며 서로 기대었다. 비 오는 날엔 우산을 빌려주었고, 시험 전날엔 라면 하나로 온기를 나눴다. 해운대 바닷가를 함께 걸으며 꿈을 이야기하기도 했다.

어느 늦은 밤, 옥상에서 바라본 부산 야경이 아직도 선명하다. 유난히 맑은 하늘, 투명하게 반짝이는 불빛, 스쳐 가는 바람. 그때 속으로 중얼거렸다.

"이 시간이 영원하지는 않겠지. 그치만 사라지지는 않을 거야."

무너졌다고만 생각했던 시절이었지만, 사실 가장 치열하게 살아낸 시간이었다. 장담컨대, 그 치열함이 나를 단단하게 만들었다. 회복력을 배웠고, 함께 걷는 삶의 의미도 알았다. 결국 원하는 대학에는 떨어졌지만, 다른 대학에 합격했다. 지금은 강사이자 작가, 세 아이의 엄마로 살아가고 있다. 그때의 고통이 지금의 나를 만들었다. 이제는 아이에게 말할 수 있다.

"그래, 대학이 인생의 전부는 아니야. 하지만 무너졌다고 해서 네 인생이 끝난 건 아니야. 무너진 자리에서 다시 시작한다면, 거기서부터 진짜 너의 인생이 시작되는 거야."

실패는 나를 무너뜨리기 위해 찾아오는 것이 아니었다. 나를 단단하게 하기 위한 과정이었다. 더는 실패가 두렵지 않다. 누군가 말했듯, 도전하지 않는 게 실패다. 그렇다. 실패는 부끄러움이 아니다. 실패 덕분에 사람 보는 눈이 달라졌고, 나 자신을 대하는 태도도 바뀌었다.

삶은 여전히 예측할 수 없다. 또 다른 실패가 찾아올지도 모른다. 누구든 무너진 자리에서 다시 시작할 수 있다. 때론 느리고, 때론 서툴고, 때론 고단하지만, 깊고 단단한 변화로 인도한다. 넘어졌기에 더 멀리 볼 수 있고, 무너졌기에 더 낮고 깊은 사람이 된다. 실패로 움푹 파인 길 위에서 다시 숨을 고르고, 마음을 다잡고, 걸음을 떼는 것. 그것이 다시 살아가는 힘이다. 천천히, 그러나 분명하게.

상처는 지나가고, 흔적은 나를 단단하게 한다

한때는 아프지 않았으면 했습니다. 상처는 나를 무너뜨릴 것만 같았고, 고통은 되도록 외면하고 싶었습니다. 하지만 이제 압니다. 아픔은 때때로, 나를 더 깊이 나답게 만들어 주는 시간이었다는 것을.

눈물 많던 시절이 있었기에 지금의 따뜻한 내가 존재하고,
쓰러졌던 날들이 있었기에 누군가의 손을 잡아줄 수 있는 사람이 되었습니다.
완벽해지지 않아도 괜찮다는 걸 배웠고, 넘어졌던 자리에서 다시 시작할 수 있다는 걸 알게 됐습니다.

아픔이 전부가 아니었습니다.
그 안에, 배움이 있었고 그 아래, 나를 지키는 단단한 뿌리가 자라고 있었습니다.

그래서 오늘도 이렇게 조용히 되뇝니다.
"나는, 아팠지만 괜찮아지고 있다."
"그리고 여전히, 나아가고 있다."

상처 위에 핀 단단한 나의 말

흔들리던 날들이
나를 약하게 만들 줄 알았는데

오히려 그날들이
나를 더 깊이 이해하게 했다.

아픔은 나의 일부,
하지만 전부는 아니다.

나는 이제
그 모든 시간을 데리고
조금 더 나답게 걸어가려 한다.

네 번째 안녕

나에게 묻기 시작했다

Q1 최근에 스스로에게 어떤 질문을 던져보셨나요?
Q2 몸과 마음이 내는 작은 신호에 귀 기울인 적이 있나요?
Q3 당신이 찾고 있는 삶의 방향은 어디를 향하고 있나요?

1
멈추어 나를 보다

삶은 속도를 높이는 것이 아니라, 방향을 바로잡는 것이다.

헨리 데이비드 소로

"언니, 요즘 왜 이렇게 멍해 보여?"

후배의 무심한 한마디. 잠시 멈칫했다. 억지 미소로 대답했지만, 묘하게 찔렸다. 사실이었다. 요즘 나는 자주 멍해졌다. 눈앞의 일을 겨우 처리하며 하루를 이어가고 있었다. 일을 끝내도 안도감보다는 허공을 떠다니는 듯한 공허함만 남았다. 하루하루를 바쁘게 살았지만, 정작 내가 왜 그렇게 사는지는 알 수 없었다.

저녁, 음식물쓰레기를 들고 밖으로 나갔다. 엘리베이터 거울 속에 비친 내 얼굴을 보았다. 힘없이 늘어진 눈빛, 건조하게 굳은 표정. 속으로 조용히 물었다. "은정, 너 괜찮아?"

나는 괜찮지 않았다.

삶은 멈추지 않는 기차처럼 달려야 한다고 믿어왔다. 잠시라도 멈추면 무언가를 놓칠 것 같았다. 뒤처질까 봐 멈추지 않았다. 시간이 흐를수록 이상했다. 결과를 내고 성과를 내도 마음은 채워지지 않았고, 만족과 기쁨은 오래가지 않았다. 다시 무기력과 피로가 밀려왔다. 열정은 사라지고 의욕은 바닥을 쳤다. 무거운 몸을 억지로 끌며 하루를 버텼다. 아침에 눈을 떠도 일어나기가 힘들었다. 팔과 다리는 납덩이처럼 무거웠고, 머릿속은 텅 빈 듯 멍했다. 병원에 가도 특별한 진단은 나오지 않았다. 이건 단순한 피로가 아니었다. 내 몸과 마음이 더는 버틸 수 없다고 보내는 마지막 신호였다.

그 무렵, 오후 4시쯤이면 아파트 둘레길로 나섰다. 운동화 끈을 단단히 조이고, 어깨에는 작은 에코백을 걸쳤다. 특별한 준비물은 없었다. 스마트폰, 손수건, 물병 하나뿐. 처음엔 이어폰을 꽂고 음악을 들으며 걸었다. 일부러 속도를 늦췄다. 천천히 걷다 보니 이내 자연스러운 리듬이 생겼다. 많은 에너지가 필요하지 않았다. 오히려 걷는 행위가 내 안의 남은 에너지를 정리하고 정제해 주는 듯했다.

시간이 지나자, 음악도 껐다. 바람이 나뭇잎을 스치는 소리, 어디선가 들려오는 새소리, 발밑에서 또각거리는 내 발소리에 귀를 기울였다. 자연이 주는 리듬은 마음속의 잡음을 하나씩 지워주었다. 봄이었지만 공기는 여전히 쌀쌀했다. 둘레길 양옆으로 벚나무들이 줄지어 서 있었다. 꽃은 거의 지고 연둣빛 새순이 돋아났다. 중학생쯤 되어 보이는 아이들이 자전거를 타고 지나갔다. 어떤 노부부는 나란히 걸으며 거의 말을 하지 않았다. 그저 서로의 발걸음에 맞춰 걷고 있었다. 반려견을 데리고 나온 사람도 많았다. 강아지들은 몇 걸음마다 멈춰 서서 냄새를 맡았다. 걸음을 옮길 때마다 들려오는 것은 단출했다. 바람, 새소리, 나뭇잎 흔들림, 그리고 내 발소리. 그것만으로도 충분했다.

중간쯤 걸었을 때, 연못의 물 흐르는 소리가 들렸다. 낮은 돌담으로 둘러싸인 연못 주변에는 갈대와 부들이 움튼다. 물오리 몇 마리가 풀숲 사이로 유유히 움직였다. 벤치 한쪽에는 노트북을 펼쳐놓은 사람이 있었다. 그는 자꾸 주위를 두리번거렸다. 나와 잠시 눈이 마주쳤지만, 우리는 서로 아무 말도 하지 않고 지나쳤다. 생각이 정리되는 건 아니었다. 걸음을 계속할수록 생각이 하나씩 비워졌다. 정답도, 결론도 필요 없었다. 무심한 상태가 오히려 편안했다. 답을 찾으려 걷는 게 아니었다. 다만 외부의 소음에서 벗어나고 싶었다.

주말이면 같은 길을 두세 바퀴 돌기도 했다. 한 바퀴는 2.3km 남짓. 걷는 동안 나무의 색이 변하는 것을 눈치챘다. 정자에 앉은 사람들의 표정을 스캔하는 습관도 생겼다. 대부분 무표정했다. 스마트폰을 보는 얼굴, 공허하게 걷는 얼굴, 혹은 무언가 깊이 골똘한 얼굴. 마치 내 얼굴을 비추는 거울 같았다.

집에 돌아오면 메모장을 펼쳤다. 예전에는 감정 위주로만 썼다. '오늘 너무 힘들었다.' '기분이 이상하다.' 같은 문장들이었다. 요즘은 달라졌다. 날짜, 요일, 날씨, 시간, 장소를 먼저 적었다. 그리고 하루 동안 내가 한 일을 목록처럼 기록했다. 예를 들면 이렇다.

2025년 3월 28일 금요일, 흐림. 오후 6시 12분, 집.
- 오전 10시 강의. 차로 이동. 오후 1시 강의.
- 점심은 김밥 한 줄. 별다른 감정 없음.
- 오후 4시 10분부터 5시까지 아파트 둘레길 걷기. 왕복 약 4.6km.
- 걷는 동안 20여 명과 스침. 대화 없음.
- 돌아오는 길에 꽃집 앞에서 튤립 가격 확인. 개당 1,200원.

그다음에는 오늘 머릿속에 남은 장면, 떠오르는 느낌, 반복된 생각들을 짧게 적었다. 감정을 직접 쓰지 않으려 노력했다. 어떤 날은 문장 하나가 오래 머무른다. '왜 항상 비슷한 표정을 하고 있지?' 같은 문장, 같은 감정이라기보다는 관찰에서 비롯된 질문이었다. 메모만 해도 감정을 직면했다. 더는 감정을 억누르거나 포장하지 않았다. 그대로 적는 훈련이니까. 대신 구체적인 사실을 기록했다. 불안할 땐 '불안했다.' 대신 '오전 강의 내내 손가락 끝이 떨렸고, 입술을 세 번 다물었다.' 화가 날 땐 '속상했다.' 대신 '방금 한 말을 반복해야 했고, 내 말이 무시당한 느낌이 들었다.' 이렇게 쓰면 오히려 내 감정을 더 정확히 인식할 수 있었다.

메모는 자연스럽게 일기로 이어졌다. 하루 30분에서 한 시간, 차분히 앉아 글을 썼다. 음악을 틀 때도 있었지만, 대개는 침묵 속에서 했다. 처음엔 한 줄도 채우기 어려웠지만, 점점 글이 길어졌다. 불안, 분노, 억울함, 외로움, 그리고 가끔 찾아오는 작은 기쁨까지. 나조차 몰랐던 감정들이 글 속에 드러났다. 쓰는 행위는 내 맘을 비추는 거울이었다.

걷기와 쓰기. 이 두 가지 루틴은 내 일상을 다시 세웠다. 걷는 동안 마음의 소음을 비워내고, 쓰는 동안 내 안의 풍경을 정리했다. 감정을 억누르지 않고, 솔직히 마주하는 법을 배웠다. 지금도 여전히 그렇게 살아간다. 오늘 나는 무엇을 보았는가? 오늘 나는 어떤 눈으로, 어떤 마음으로 그것을 바라보았는가? 이런 질문들이 쌓이며 삶의 중심은 조금씩 내 쪽으로, 내 안으로 이동했다. 돌아보면 특별한 계기가 있었던 것도 아니었고, 거창한 결심도, 극적인 사건도 아니었다. 그저, 더는 힘들게 살고 싶지 않았던 절박함에서 비롯된 멈춤이었다. 그 멈춤은 내 삶의 방향을 바꾸는 전환점이 되었다.

이제는 달려도 예전처럼 무작정 속도를 내지 않는다. 속도가 아니라 방향이 중요하다는 걸 배웠다. 힘들면 잠시 멈춰도 괜찮다는 것도 알았다. 멈춤은 뒤처짐이 아니라, 삶을 다시 살게 해주는 숨 고르기라는 것도.

그래서 가끔 나에게 묻는다. "나는 지금 어디쯤 와 있는가?" 이 질문 하나가 삶을 다시 점검하게 한다. 필요하면 멈추게 하고, 다시 나아갈 길을 보여준다. 바쁘게 흘러가는 하루 속에서도 이 질문 하나면 충분하다. 내 삶의 나침반이 되어 나를 다시 제자리로 데려다준다. 그러니 당신도 자신에게 물어보길 바란다.

"나는 지금 어디쯤 와 있는가?"

2
몸은 거짓말을 하지 않는다

자연은 결코 우리를 속이지 않는다. 속이는 것은 언제나 우리 자신이다.

히포크라테스

"엄마, 일주일간 죽는 줄 알았어요."

미국에서 날아온 아이의 문자. 짧고 단순했지만, 그 한 줄이 내 숨을 턱 막히게 했다. 순간 머리가 하얘졌다. 처음엔 오타가 아닐까 싶었다. 위염? 위궤양? 아니면 단순한 장염? 하지만 직감적으로 알 수 있었다. 아이가 보낸 이 말은 몸이 한계에 다다라 비명을 지르는 신호라는 걸. 문득 몇 달 전의 대화가 떠올랐다.

"엄마, 나 요즘 바빠서 밥 거를 때가 많아."

"괜찮아, 아직 젊잖아."

그때 나는 얼마나 가볍게, 무심하게 이 말을 흘려보냈던가. 바쁘다는 말에, 젊으니까 곧 괜찮아질 거라 쉽게 말해버렸다. 그 말의 이면에는 이미 몸이 보내는 작은 SOS가 숨어 있었는데도 말이다. 나는 그 외침을 듣질 못했다. 아니, 듣고도 외면했는지 모른다. 생각할수록 가슴이 철렁 내려앉았다. 아이는 혼자 얼마나 힘들었을까. 얼마나 오랜 시간 통증을 참고, 병원에 가기까지 얼마나 많은 밤을 고통 속에서 버텼을까.

며칠 뒤, 아이는 병원에서 정밀 검사를 받고 다시 전화를 걸어왔다.
"엄마, 위에 작은 구멍이 생겼대. 너무 자주 굶어서 그런가 봐. 당분간 죽만 먹으래."

평소보다 한 톤 낮아진 목소리였다. 숨을 삼키듯, 억지로 웃음을 섞으려 애쓰는 듯한 소리였다. 그 순간, 다시 숨이 막혔다. 마음 한구석이 덜컥 무너져 내렸다. 미국이라는 낯선 땅, 언어도 문화도 다른 곳에서 아이는 혼자 버티고 있었다. 공부에 쫓겨 밥을 굶고, 병이 날 때까지 자신을 몰아붙였던 거다. 그런데 나는 멀리서 "괜찮아, 잘하고 있어."라는 말만 반복하고 있었다니. 아이와의 거리는 물리적인 거리만이 아니었다. 내 마음조차 멀어져 있었던 건 아닐까. 스마트폰을 쥔 채, 아무 말도 하지 못하고 고개를 떨군 채 한참을 서 있었다. 그저 아이의 숨소리만 조용히 들을 뿐이었다.

우리는 늘 괜찮다고 말하며 몸의 소리를 무시한다. 나 역시 그러했다. '엄마니까', '강사니까', '작가니까.' 늘 강해야 한다고 믿으며 달려왔다. 두통이 와도, 속이 쓰려도, 몸에 힘이 빠져도 참고 또 참았다. 피곤하다는 말을 꺼내는 것조차 나약하다고 여겼다. 쉬어야 한다는 생각은 사치처럼 밀어냈다. 몸이 보내는 신호는 번번이 무시했다. 늘 이렇게 말하며 스스로를 몰아붙였다. "지금은 바빠. 지금은 중요한 일 중이야. 조금만 더 견디자." 몸은 거짓말을 하지 않았다. 끊임없이 경고를 보내왔다.

한번은 중요한 강연을 앞두고 있었다. 발표 자료를 수정하느라 밤을 꼬박 새웠다. 그날따라 유난히 어깨가 뻐근하고 가슴이 답답했다. 이 정도는 괜찮다며 물 한잔 마시고 강단에 설 준비를 했다. 강연 30분 전, 바닥에 주저앉았다. 갑자기 숨이 가빠지고 눈앞이 뿌옇게 흐려졌다. 주먹을 쥐고 심호흡해도 가슴은 펴지지 않았다. 결국, 119를 불러 응급실로 실려 갔다. 하얀 침대 위에 누워서야 이미 오래전부터 신호를 보내고 있었다는 것을 알았다. 그때까지도 외면해 왔던 거다. 어떤 상황에서도 강해야 한다는 신념은 그 순간 산산이 부서졌다.

그날 이후, 몸을 다시 보기 시작했다. 가장 먼저 몰려온 건 깊은 후회였다. 그동안 몸이 얼마나 많은 작은 신호를 보내왔는지, 내가 얼마나 그 신호를 무시하고 달려왔는지를 뼈저리게 깨달았다. 잦은 두통, 소화 불량, 만성 피로, 눈의 침침함, 손끝의 저림…. 이 모든 게 몸이 보내던 경고였다는 사실을 이제야 알아차린 것이다. 그뿐만이 아니었다. 다른 공간에 살고 있지만, 나와 아이. 우리는 똑같았다. 몸의 소리를 무시한 채 하루하루를 버티며 살아가고 있었다. 몸이 망가져서야 비로소 멈추고 돌아보게 된 거다.

또 다른 충격도 있었다. 두통이 잦아지고, 어지럼증이 심해져 병원을 찾았다. 처음엔 편두통이러니 했다. 증상이 쉽게 가라앉지 않아 결국 MRI 검사를 받았다. 검사 결과를 기다리며 진료실 앞 의자에 앉아 있던 그날. 차가운 병원 바닥, 낯선 사람들의 발소리, 벽에 걸린 심전도 포스터까지도 또렷하게 기억났다. 시간이 멈춘 듯 느리게 흘렀다. 손끝이 떨렸고, 머릿속은 텅 비었다. 의사가 모니터를 가리키며 말했다.

"작은 종양이 하나 보입니다. 크기는 작지만, 위치상 주기적인 관찰이 필요합니다."

그 순간 머릿속은 하얗게 비워졌다. 의사의 말은 메아리처럼 울려 퍼질 뿐이었다. 단 하나의 질문만 반복했다. 나는 지금 나를 어떻게 돌보고 있는가? 그 생각만이 머릿속에 맴돌았다.

진료실을 나와 대기실에 앉았다. 딱딱한 의자가 허벅지를 차갑게 마비시켰다. 손끝은 힘이 빠지고, 심장은 불규칙한 박동으로 쿵쾅거렸다. 눈을 감고 오롯이 내 몸의 감각을 느껴보았다. 무언가를 성취하는 것보다, 나 자신을 돌보는 일이 더 시급하다는 것을 온몸으로 실감했다.

그 후로 나를 돌보기 시작했다. 억지로 뭔가를 하려 하기보다, 우선 멈추었다. 매일 아침 침대에서 일어나기 전, 조용히 내 몸의 상태를 느껴보았다. 손가락 하나, 발가락 하나 움직이며 살아 있음을 확인했다. 가벼운 스트레칭과 10분간 호흡 명상. 그제야 하루를 열었다. 하루 한 끼는 꼭 제철 재료로 만든 음식을 챙겨 먹었다. 일주일에 세 번은 가까운 공원을 걸었다. 파릇한 풀잎, 길고양이의 유연한 움직임, 바람에 흔들리는 나뭇가지 하나하나가 이전과는 전혀 다르게 보였다. 세상은 그대로인데, 내가 달라지고 있었다.

 처음엔 어색했다. 마음은 여전히 일을 해야 한다고 다그쳤다. 습관처럼 노트북을 열고 또 메모장을 펼치려 했다. 그럴 때마다 되뇌었다. '지금 가장 시급한 일은 나를 돌보는 일이다.' 몇 달이 지나자, 몸은 조금씩 달라졌다. 아침에 눈을 뜨는 일이 덜 무거워졌다. 생각이 또렷해졌다. 무엇보다 놀라운 건, 몸이 보내는 미세한 신호들을 들을 수 있게 되었다는 점이다. 조금 무리했다 싶으면 곧바로 쉼을 취했다. 마음이 복잡하면 글을 썼다. 그렇게 몸과 마음은 균형을 되찾기 시작했다.

 몸은 거짓말하지 않는다. 통증은 경고이고, 피로는 휴식을 요청하는 메시지다. 몸은 언제나 먼저 말한다. 다만 내가 너무 늦게서야 듣곤 했을 뿐이다. 예전엔 고통을 참고 견디는 게 강한 줄 알았다. 하지만 진짜 강함은 고통을 알아차리고 멈추는 용기였다. 멈춤 속에서 비로소 자신을 되찾고, 어떻게 살아야 하는지를 다시 배워갔다.

 몸을 돌보는 일은 결코, 사소하지 않다. 그건 나를 지키는 일이고, 나를 온전히 살아내는 첫걸음이다. 매일 아침, 내 몸에게 조용히 묻는다. "오늘은 괜찮니?" 그 짧은 질문 하나가 내 하루의 방향을 바꾸고, 내 삶의 속도를 조율해 준다. 몸이 보내는 신호에 귀 기울이는 사람만이 자신을 진짜로 이해하고, 끝까지 돌볼 수 있다. 몸을 챙긴다는 건 곧 삶을 존중한다는 뜻이다. 존중은 언제나, 나 자신으로부터 시작되어야 한다. 그것이 내 삶을 지켜내는 가장 단순하면서도 확실한 방법이다.

그러니 오늘, 스스로에게 물어보면 좋겠다.

"나의 몸은 지금 어떤 신호를 보내고 있는가?"

"나는 그 신호에 귀 기울이고 있는가, 아니면 외면하고 있는가?"

3
마음의 아픔을 외면하지 않기로

빛을 향한 것이 아니라, 어둠을 직시할 때 우리는 더 온전해진다.

칼 구스타프 융

"선생님은 언제 제일 힘드셨어요?"

상담이 끝나갈 무렵, 한 학생이 조심스레 물었다. 예상치 못한 질문이었다. 가슴 깊숙이 파문이 일었다. 곧바로 대답할 수 없었다. 입술을 꾹 다문 채, 내 안에서 되묻고 있었다. '정말, 내가 언제 가장 힘들었지?' 아니, 그보다 더 근원적인 질문이었다. '나는 내 마음이 힘들다고 단 한 번이라도 나 자신에게 솔직했을까?'

상담가로, 교수로, 엄마로 살아오면서 언제나 다른 이들의 마음을 돌보는 일에 익숙했다. 정작 내 마음은 늘 뒷전이었다. 강하고 든든한 모습으로 보이려 애썼다. 무너지는 모습을 보이는 건 약함이라 생각했다. 아프거나 지쳐도 티 내지 않았다. 아무 일 없다는 듯 웃고, 평소처럼 일하고, 평소처럼 살아내는 게 습관이 되어버렸다. 하지만 그런 삶은 오래 갈 수 없었다. 마음의 고통은 감춰둔다고 사라지지 않았다. 결국 안에서 곪아가며 나를 조금씩 무너뜨렸다.

 몇 년 전의 일이었다. 오랜 시간 함께해 온 동료가 내가 기획한 프로젝트를 자기 것처럼 발표한 적이 있었다. 그 충격은 지금도 생생하다. 아이디어 도용의 문제를 넘어, 사람 사이의 신뢰가 얼마나 쉽게 무너질 수 있는지를 보여준 사건이었다. 회의실 안에서 내 눈을 피하던 그의 시선, 모른 척 웃어넘기던 동료들의 표정. 누군가는 침묵했고, 누군가는 가볍게 농담으로 덮었다. 내 마음속에는 거대한 돌덩이 하나가 들어앉았다. "괜찮아, 그런 일도 있지 뭐." 태연한 척했지만, 밤마다 가슴 한쪽이 찢어질 듯 아팠다. 사람에 대한 신뢰에 금이 갔고, 스스로에 대한 믿음까지 송두리째 무너졌다. 그때도 나는 아프다고 말하지 않았다. 그저 버텼다. 아니, 버티는 척했다. 아침이면 평소처럼 옷을 차려입고 강의실에 섰고, 누군가의 고통을 듣고 위로했다. 정작 내 마음은 외면한 채.

 그러던 어느 날, 상담 중이던 학생이 자신의 아픔을 털어놓으며 눈물을 쏟았다. 내 가슴속에서도 무언가가 저릿했다. 나도 모르게 눈물이 뚝 떨어졌다. 학생이 놀라며 말을 흐렸다. "죄송해요, 제가 괜히…." 나는 그제야 고개를 끄덕이며 말했다. "아니야, 나도… 마음이 너무 아팠어." 그 한마디와 함께, 그동안 억눌러왔던 감정들이 눈물과 함께 흘러나왔다. 그날 비로소 깨달았다. 내 마음도 아팠다는 걸. 오랫동안 내 감정을 외면하고 살아왔다는 걸.

그때부터 마음이 아프다는 걸 부정하지 않기로 했다. 슬픔도, 억울함도, 외로움도, 내 일부로 인정하기로! 물론 처음엔 쉽지 않았다. 내 감정을 들여다보는 일이 오히려 감정에 빠져드는 것 같아 두려웠다. 아주 작은 실천부터 시작했다.

첫 번째 위로는 '해금'이었다. 처음 활을 줄 위에 올렸을 때, 손끝은 떨렸다. 현 위에서 낸 첫소리는 힘없이 갈라졌고, 금방이라도 끊어질 듯 불안정했다. 그 불안정함조차 내 마음을 닮아 있었다. 해금은 두 줄밖에 없는 단출한 악기였지만, 두 줄 사이에서 울려 나오는 소리는 기묘했다. 활이 오가며 만들어 내는 해금의 맑고 깊은 음색은 말로 전하지 못한 감정의 결을 따라 흐르는 숨소리 같았다. 활을 긋는 순간 방 안은 고요해졌다. 먼짓가루가 햇살 속에서 가만히 부유했고, 그 빛줄기 위로 반짝이는 활줄이 떨림을 드러냈다. 연주를 멈추면 손끝에는 여전히 잔잔한 진동이 남았다. 그 떨림은 곧 내 안의 떨림이었다. 어떤 날은 가슴이 벅차 끝까지 연주하지 못하고 활을 내려놓기도 했다. 그래도 괜찮았다. 중요한 건 소리를 낸다는 거였다. 내 안에 고여 있던 고통이 처음으로 이름을 얻고, 밖으로 흘러나올 수 있는 숨구멍. 해금은 내 감정을 대신 울어 주는 또 하나의 목소리였다.

두 번째 위로는 '식물'이었다. 우연히 들른 동네 꽃집에서 작은 로즈마리 화분을 집어 들었다. 손바닥에 닿은 흙냄새와 풋풋한 초록의 기운이 이상하게 따뜻했다. 집으로 돌아오는 길, 작은 화분이 마치 심장이 뛰는 듯 미묘한 온기를 전해주었다. 매일 아침 화분을 바라보는 일이 하루의 시작이 되었다. 물을 줄 때는 물방울이 잎을 타고 미끄러지듯 흘렀고, 잎사귀에 손을 대면 로즈마리 특유의 은은한 향이 손끝에 머물렀다. 창가로 옮겨놓으면 햇살이 잎맥을 따라 고요히 스며들었고, 잎은 그 빛을 머금은 채 은은하게 반짝였다. 새순이 돋아날 때면 손톱만 한 초록이 서서히 자라나는 과정을 매일 눈으로 확인했다. 잎맥 사이로 흐르는 미세한 빛깔의 변화, 가지 끝이 아주 조금씩 뻗어 나가는 방향. 그 작은 변화들은 마치 내게 말을 거는 듯했다. '너도 그렇게 천천히 자라면 돼. 급하게 버티지 않아도 괜찮아.' 식물은 아무 말도 하지 않았지만, 말보다 더 깊은 교감을 주었다. 날 필요로 하는 존재가 있다는 사실, 내가 보살필 수 있는 무언가가 있다는 사실이 내 마음을 다시 살려냈다. 나는 식물을 돌보는 동시에 내 마음을 돌보고 있었다.

세 번째는 '명상'이었다. 하루 10분, 방 안의 불을 끄고 바닥에 앉아 호흡만 바라보았다. 처음엔 끝없이 생각이 몰려왔다. 스케줄, 강의 준비, 장 봐야 할 일까지. 호흡에 집중하다 보면 점점 잡념이 잦아들었다. 몸의 감각에 집중하니 더 작은 움직임들이 느껴졌다. 손끝의 온도, 발바닥의 감각, 바깥에서 들려오는 작은 소음까지 온몸이 살아 있음을 알려주었다. 명상은 나를 다시 연결하는 길이었다. 고통을 억누르는 것이 아니라, 있는 그대로 흘려보내는 연습. 이유 모를 눈물이 흘러내릴 때도 있었다. 그 눈물이야말로 내가 감정을 외면하지 않고 받아들였다는 증거였다.

마음이 무거워 아무 일도 손에 잡히지 않은 날은 명상 센터에 갔다. 30분간 앉아 있는다. 벽에는 아무 장식이 없었지만, 어디선가 나무 냄새가 난다. 척추와 허리를 펴고 앉았다. 마치 오래전 나와 다시 만나는 마음으로 숨을 쉰다. 이유는 알 수 없었지만, 오래 참았던 무언가가 허락받은 듯 얼굴을 타고 눈물이 흘러내렸다. 내가 진짜로 원했던 건 문제를 해결하는 게 아니었다. 내 감정을 누군가 혹은 나 자신에게라도 드러내는 거였다. 명상은 그저 멈추는 행위가 아니었고, 마음속에 쌓인 감정의 고름을 터뜨리는 시간도 아니었다. 열을 식히고 부은 마음을 가라앉히는 냉찜질 같은 시간이었다. 감정을 억누르지 않고 그대로 두었다. 피하지 않고 흘려보냈다. 명상은 내게 그걸 가르쳐주었다. 하루에 적어도 한 번은 명상하는 시간을 갖는다. 엘리베이터 기다리는 1분, 카페에서 커피를 기다리는 3분, 강의 전 대기실에서 5분, 혹은 자기 전 어둡고 조용한 방 안에서. 짧은 시간일지라도 마음을 들여다본다. 하루 전체의 결을 바꿨다. 오늘의 나는 괜찮은지, 숨은 편안한지, 마음 한편이 아프지는 않은지…. 그렇게 묻고 답하는 시간은 나를 다시 살게 해준다.

이 작은 실천들이 모여 나를 살렸다. 더는 무조건 참지 않는다. 슬프면 운다. 외로우면 누군가에게 말한다. 마음이 복잡하면 글을 쓰고, 혼자 있고 싶을 때는 전적으로 나만의 시간을 갖는다. 그렇게 감정을 인정하고 흘려보내는 거야말로 진짜 회복이었다. 마음을 돌보니 관계도 달라졌다. 내가 솔직해지자, 상대의 진심도 드러났다. 함께 아픔을 나누고, 함께 회복할 수 있었다. 이제 나는 마음의 그림자를 외면하지 않는다. 그림자는 빛과 함께 존재하는 삶의 일부다. 슬픔과 고통은 내 삶의 온도였음을, 그것이 있어야 따뜻함도 선명히 드러난다는 걸 알게 되었다. 마음이 아플 때, 나에게 묻는다.

"지금, 내 마음은 어디에 서 있는가?"

4
나는 어디로 가고 있는가

목적지를 모르는 자에게는 그 어떤 바람도 순풍이 될 수 없다.

세네카

여느 날과 다름없는 하루였다. 오전부터 이어진 상담과 강의, 그리고 미팅까지. 하루 종일 사람들과 이야기하고, 문제를 풀고, 계획을 세우고, 웃음을 지었다. 저녁이 되어서야 겨우 숨을 돌린 채 컴퓨터 앞에 앉았다. 화면 가득 한 일정표. 날짜마다 빼곡히 채워진 칸 칸의 일정표. 상담, 강의, 회의, 출간 계획…. 말끔하게 정리된 표가 차곡차곡 나를 누르는 듯했다. 한참을 멍하니 그 화면을 바라보았다. 물론 성과는 있었다. 바쁘게 살아왔고, 맡은 일은 다 해냈다. 누가 봐도 분명 성공적인 삶이었다. 그런데 왜 마음 한구석은 텅 비어 있는 걸까. 쓸쓸함이 밀려왔다. 마치 중심을 잃은 회전목마처럼. 화려하게 빛나며 돌아가지만, 어디를 향해 돌고 있는지는 알 수 없는 그런 기분이었다. 오래전부터 잠들어 있던 물음이 불쑥 떠올랐다.

'나는 지금 어디로 가고 있는 걸까?'

너무 오래 바쁨에 기대어 살았다. 바쁘게 살아왔다는 사실만으로도 스스로를 위로했고, 자랑스러워했다. 하지만 정작 내가 진정으로 원했던 것이 무엇이었는지는 잊은 지 오래였다. 타인의 기대, 사회의 기준, 성공이라는 이름에 내 삶의 방향을 내어준 채 살아왔던 거다. 삶의 방향은 누구도 대신 정해줄 수 없는데 말이다. 오롯이 내가 정해야 한다는 것을. 잠시 멈추기로 했다. 아주 짧게라도.

내가 선택한 곳은 강원도 양양이었다. 아무도 나를 모르는 곳, 일정도 책임도 소음도 없는 곳. 특별할 것 하나 없는 작은 바닷가 마을이었지만, 지금의 나에게는 그 고요함이 절실했다. 겨울바람이 차갑게 불어왔지만, 공기는 맑고 투명했다. 숙소에 짐을 풀자마자 곧장 바다로 향했다.

모래사장은 텅 비어 있었다. 해는 천천히 서쪽으로 기울고 있었다. 발끝에 닿는 모래는 차갑지만 부드러웠고, 파도 소리는 깊고 묵직했다. 바람은 염분을 가득 머금고 내 볼을 스쳤다. 코끝을 찌르는 짠 내는 오랜 시간 내 안에 묻어두었던 감정들을 하나씩 떠오르게 했다.

그날 밤, 숙소 침대맡에 앉아 작은 메모장을 꺼내 적었다. '오늘의 나' 잠시 망설이다가 첫 줄을 썼다. "잘 모르겠다." 무기력한 대답 같았지만, 오래도록 묻어두었던 내 진심이었다. 그다음 날은 "나는 지금 어디쯤 와 있는가." 또 그다음 날은 "무엇이 나를 웃게 만드는가." 짧은 문장들이었지만, 그건 분명 나 자신과의 대화였다. 때로는 단어가 조각났고, 문장이 엉켰다. 그래도 괜찮았다. 중요한 건 누군가에게 보여주기 위한 글이 아니니까. 나 자신을 향해 던지는 질문이니까.

아침에 일어나 모닝 페이지를 썼다. 잠에서 깨어나자마자 의식이 흘러가는 대로, 검열하지 않고 그냥 써 내려갔다. "졸리다. 또 꿈에 고등학교가 나왔다. 그래도 지금 이곳은 좋다. 파도 소리가 고요하다." 처음에는 쓸 말이 없다고 생각했지만, 몇 줄 적다 보면 이상하게 마음의 먼지가 걷혔다. 손목의 움직임이 마음을 따라갔고, 문장 속에서 내 안의 목소리가 조금씩 드러났다.

또, 하루에 한 번은 타이머를 맞추고 10분 글쓰기를 했다. 하루의 중심을 잡아주는 시간이었다. 쓰다 보면 이런 문장이 나왔다. "오늘은 가만히 있어도 괜찮다." "해야 할 일이 많아도, 내 마음이 싫다면 멈춰도 된다." 이런 문장들이 나를 다독였다. 글은 내 마음을 비춰주는 거울이었다.

저녁에는 쿤달리니 명상(Kundalini Meditation)을 했다. 오쇼(Osho)가 고안한 동적인 명상. 몸을 움직여 잠들어 있던 에너지를 깨우고, 억눌린 감정을 흘려보내는 수행이었다. '쿤달리니'는 요가 철학에서 척추 기저부(꼬리뼈 근처)에 잠들어 있는 원초적 에너지를 뜻한다. 이 에너지는 '똬리를 튼 뱀'에 비유된다. 몸의 움직임을 통해 잠재된 에너지를 깨운다. 깨어나면 척추를 따라 상승해 신체와 마음을 정화한다. 오쇼는 이를 현대인에게 맞게 재해석해, 몸을 흔들고 춤추는 과정을 통해 억압된 감정과 긴장을 풀어내는 명상을 만들었다. 처음 시도했을 때, 나는 솔직히 어색했다. 조용히 앉아 있는 명상과 달리, 몸을 흔들고 춤을 춰야 했다. 방 안에 작은 전등 하나 켜두고 명상을 시작했다.

첫 단계는 온몸을 부드럽게 흔든다. 마치 인형처럼. 처음에는 우스꽝스럽게 느껴졌다. 거울 속 내 모습이 마치 줄에 매달린 인형 같았다. 어깨를 앞뒤로 가볍게 흔들고, 무릎을 리듬에 맞춰 풀어주자, 몸이 뻣뻣하게 저항했다. 몇 분이 지나자, 손끝에서 시작된 미세한 떨림이 팔과 어깨, 가슴을 거쳐 온몸으로 번져갔다. 발바닥이 바닥을 누를 때마다 작은 진동이 척추를 타고 올라왔다. 호흡도 달라졌다. 얕고 빠르던 숨이 점점 깊고 길어졌다. 코로 들이마신 공기가 가슴 안쪽까지 차올랐고, 내쉬는 숨결마다 오래 억눌렀던 감정들이 흩어져 나가는 듯했다. 어느 순간, 눈가가 뜨거워졌다. 팔을 크게 흔들 때마다 쌓여 있던 긴장과 두려움이 털려 나갔고, 이마에는 어느새 땀이 맺혔다.

두 번째 단계는 춤이었다. 정해진 형식도, 기술도 필요하지 않았다. 음악이 조금씩 고조되자, 눈을 감고 몸을 맡겼다. 손이 저절로 올라가고, 발은 제멋대로 동동 굴렀다. 몸이 원하는 대로 흔들리고 튀어 올랐다. 순간적으로 탄성이 터져 나오기도 했다. 억눌렸던 웃음이 새어 나왔다가, 이내 눈물이 왈칵 쏟아졌다. 감정이 파도처럼 번갈아 밀려왔다.

억누르지 않았다. 있는 그대로 흘려보냈다. 음악에 맞추어 내가 춤을 추는 것이 아니라, 춤이 나를 추고 있었다. 자유롭게 휘날리던 팔 끝에서, 발바닥이 바닥을 때리는 소리에서, 해방감을 느꼈다. 몸과 마음이 가벼워졌다.

  세 번째는 정지하고 침묵하기. 음악이 멈추자, 나 역시 모든 동작을 멈췄다. 그대로 서 있는 일이 낯설고 불편했다. 조금 전까지 요동치던 몸이 여전히 떨리는 듯했다. 처음엔 그 떨림이 어색했지만, 곧 그 진동이 내 안쪽 깊은 곳을 흔들고 있다는 걸 알아차렸다. 생각들이 파도처럼 밀려왔다. '이게 뭐지? 잘하고 있는 걸까?' 더 이상 개입하지 않았다. 그저 흘러가도록 두었다. 머릿속의 소음이 하나씩 가라앉고, 내면에 고요가 찾아왔다. 판단하지 않고 바라보기만 할 때, 나는 생각의 주인이 아니라 관찰자가 되었다. 아무것도 하지 않았지만, 많은 것이 흘러갔다. 나라는 존재가 사라지고 온몸으로 평화로웠다.

  마지막 단계는 바닥에 누워 쉬는 것이었다. 요가의 사바사나 자세처럼. 힘을 완전히 빼고 바닥에 몸을 맡겼다. 눈을 감자, 방 안의 공기와 몸이 맞닿는 느낌이 선명해졌다. 매트의 차가운 감촉이 등을 감싸고, 숨결은 천천히 고르게 이어졌다. 억지로 조절하지 않고, 그저 호흡을 바라보았다. 들이마실 때는 폐가 차올랐고, 내쉴 때는 마음속에 남아 있던 잔상들이 서서히 흩어졌다. 파도처럼 들고 나는 숨결 사이로 '나'라는 경계가 풀려나갔다. 더 이상 생각도, 억눌린 감정도 남지 않았다. 오직 숨과 몸만이 있었다.

감정은 억누른다고 사라지지 않는다는 것을 깨달았다. 몸을 통해 밖으로 흘러갈 출구를 열어주어야 한다는 것을. 쿤달리니 명상은 내 안에 잠든 에너지를 깨우고, 굳게 잠겨 있던 감정을 해방시키는 문이었다. 저녁 시간은 더 이상 피곤함에 절어 한숨 쉬지 않았다. 움직임과 멈춤으로 의식을 깨우고, 몸과 마음을 동시에 정화하는 시간을 갖게 되었다.

며칠 간의 시간이 지나고 돌아오는 길, 다이어리에 이렇게 적었다. "내가 원하는 삶은 더 많은 일을 하거나 더 큰 성취가 아니다. 내 마음에 따라 진실하게 사는 삶이다." 그 이후로 매일 메모한다. 하루 한 줄이라도 쓴다. 명상도 거르지 않는다. 삶이 바빠질수록 오히려 내 안의 방향을 점검하는 시간이 소중해졌다.

삶의 방향을 찾는 법은 거창하지 않았다. 멈추어 듣는 것, 그리고 써 보는 것이었다. 단순한 습관이지만, 그 속에 인생의 진리가 숨어 있었다. 단언한다. 내 길은 내 안에 있고, 그 길은 매일 새롭게 선택될 수 있음을. 삶의 방향은 한 번 정해지면 끝나는 것이 아니었다. 매일 새롭게 갱신되는 것이었다.

나는 오늘도 나에게 묻는다. 질문 하나가 나의 방향이 된다.

"나는 지금, 어디로 가고 있는가?"

5
지금 이 순간, 나답게!

용기란 타인 앞에서 강해지는 것이 아니라, 자신 앞에서 솔직해지는 것이다.

브레네 브라운

"요즘 어떤 삶을 살고 싶으세요?"
"그냥, 진짜 나답게."
수강생이 던진 질문 앞에서 한참을 망설이다, 겨우 짧게 내뱉은 답이었다. 그 대답은 생각보다 무거웠다. 늘 밝고 긍정적인 모습, 힘들어도 웃는 얼굴, 에너지 넘치는 태도. 그것이 내가 세상에 보여주던 이미지였다. 그건 내 모습이 아닌 보여주고 싶은 모습이었다. 하루에 한 권씩 책을 읽었고, 규칙적인 운동으로 자기 관리를 했다. 모두가 부러워할 만한 자기 발전의 모습이었다. 착각이었다. 자기 발전이 아니라 자기기만이었다. 겉으로 보기에는 건강하고 긍정적인 삶이었지만, 그 속은 점점 비어가고 있었다. 웃음 뒤에 감춘 피로, 괜찮은 척으로 덮어둔 고단함이 오래전부터 내 안에서 비명을 지르고 있었다. 진짜 감정을 억눌린 채, 나는 가면을 쓰고 있었다. 행복한 척, 강한 척, 괜찮은 척. 그 모든 '척'이 무너지고 나서야 비로소 물을 수 있었다. "나는 지금, 나답게 살고 있는가?"

어느 날, 군 제대를 마치고 복학한 학생을 코칭했다. 그는 자신의 불안과 외로움을 솔직하게 꺼내놓았다. 아무렇지 않게 이야기했지만, 진심이 내 마음을 흔들었다. 그의 솔직함 앞에서 눈시울이 뜨거워졌다. 나 역시 얼마나 많은 감정을 억눌러왔는가. 행복한 척에서 벗어나야겠다고 결심했다. 겉으로만 괜찮아 보이는 신념을 정리하고, 내가 바라는 행복을 다시 정의했다.

첫째, 처음으로 솔직하게 말했다. "오늘은 좀 지쳤어." 어색했다. 그러나 마음 한편이 조금 가벼워졌다. 늘 웃는 얼굴로 아이들을 대했다. 그날은 힘들다고 말했다. 아이가 말했다. "엄마, 그럼 오늘은 내가 설거지 할게." 눈물이 핑 돌았다. 감정을 숨기지 않고 드러냈을 때, 아이와의 관계도 더 깊어졌다.

후배와의 약속도 있었다. 예전 같았으면 억지로라도 나갔을 터였다. 솔직하게 말했다. "오늘은 좀 힘들어서, 다음에 만나면 안 될까?" 후배는 이해해 주었다. 오히려 내게 따뜻한 말을 건넸다. "언니가 그렇게 말해줘서 고마워. 언제든 편하게 말해줘." 마음이 놓였다. 감정에 솔직해지는 일은 두려웠지만, 조금씩 익숙해졌다. 가식이 사라지고, 진짜 관계가 시작되었다. 있는 그대로의 나로 살자, 몸과 마음이 자유로워졌다.

둘째, 따뜻한 차 한잔을 우리는 것으로 하루를 시작했다. 주전자에서 물 끓는 소리가 올라왔다. 예전 같았으면 그 시간을 스마트폰으로 채웠을 거다. 그날은 아무것도 하지 않고, 물 끓는 소리에 귀를 기울였다. 작은 소리였지만, 고요했다. 보이차 잎을 자사호(차 마실 때 우리는 다기의 일종)에 담았다. 약간의 흙냄새와 은은한 향이 섞여 나왔다. 뜨거운 물을 부으니 찻잎이 가볍게 떠올랐다가 다시 가라앉았다. 첫물은 버렸다. 두 번째 물을 부으며 차가 우러나기를 기다렸다. 찻잔을 들자 따뜻한 온기가 손바닥에 전해졌다. 차가 입술에 닿는 순간, 부드럽고 은근한 향이 퍼졌다. 그 순간만큼은 아무것도 필요 없었다. 지금 이 자리가 완벽했다.

늦은 오후, 답답한 마음이 들 때면 산책을 나섰다. 특별한 목적도 없고, 뚜렷한 방향도 없었다. 발길 닿는 대로 걸었다. 봄바람이 얼굴을 스쳤다. 나무 사이로 들어온 햇살이 어깨에 내려앉았다. 걷는다는 건 신기하다. 걷기만 해도 마음이 정리되니까. 자동차 소음, 새소리, 멀리서 들려오는 아이들 웃음소리까지 귀에 들어왔다. 길가에 핀 민들레, 벽돌 담장 위의 덩굴, 그사이에 핀 보랏빛 꽃 하나. 모두가 눈에 들어왔다. 평소라면 지나쳤을 풍경이었다. 걸음을 멈추고 한참을 서 있었다. 사진을 찍지 않고, 풍경을 마음속에 새겼다. 걷는 동안 어떤 문제도 해결되지 않앉지만, 눈과 귀가 열렸다. 무엇보다 마음이 열렸다. 답답할 때든, 괜찮을 때든 걷는다. 걷는다는 건 나와 세상을 연결하는 하나의 도구다. 소소한 기쁨들이 나를 살아 숨 쉬게 하는.

셋째, 언제부턴가 식탁에서 핸드폰을 내려놓았다. 식사 중에는 TV도 끄고, 오직 가족의 얼굴만 바라보았다. 처음엔 어색했지만, 점점 대화가 늘었다. 주말 아침, 느긋하게 아침을 준비했다. 김이 모락모락 오르는 미역국, 매콤하게 졸인 닭갈비, 새콤한 양파·오이무침, 아이가 좋아하는 계란말이. 집안에 구수하고 달큰한 향이 가득 퍼졌다. 아이들은 쉴 새 없이 말했다. 학교에서 있었던 일, 친구와의 다툼, 새로 나온 게임 이야기까지. 이야기를 끊지 않고, 고개를 끄덕이며 들어주었다. "그랬구나." 말보다 더 큰 공감이었다. 남편은 조용히 반찬을 집어 먹다가 말했다. "집밥이 좋긴 좋네." 전적으로 동의했다. 평범하고 소소한 한 끼였다. 그러나 그 한 끼는 안정감과 따뜻함을 주었다. 그 자리에 있다는 것만으로 충분했다. 말보다 따뜻한 식사, 눈빛으로 나누는 공감, 그리고 함께 있는 순간. 그것이 내 행복이었다.

넷째, 글을 쓰는 건 나 자신에게 묻고 답하는 일이었다. 처음에는 짧은 한 줄이었다. "오늘은 왜 이렇게 마음이 무거울까?" 또 다른 내가 답했다. "어제 그 말 때문일지도 몰라." "잘 쉬지 못했잖아." "사실, 네가 스스로에게 너무 엄격했어." 따뜻한 차를 옆에 두고 노트를 펼쳤다. 때로는 거친 감정이 휘몰아치듯 쏟아졌고, 때로는 슬프고 아픈 감정이 떠올랐다. 가끔 좋아하는 문장을 옮겨 적기도 했다. 나에게 주는 다정한 말들을 쌓아갔다. 글쓰기는 나를 위한 대화였다. 마음의 덩어리를 꺼내놓으면 조금씩 가벼워졌다. 글을 쓰며 나를 이해했다.

다섯째, 비운다는 건 물건을 버리는 일이 아니었다. 해야 한다는 생각을 내려놓는 일이었다. 나는 완벽을 추구했다. 하루에 한 권의 책을 읽었고, 밥을 먹고 나면 바로 설거지했다. 강의 1시간을 위해 10시간을 준비했다. 감정조차 정돈된 언어로만 표현했다. 그건 나다움이 아니었다. 어느 날, 책장 앞에서 한참을 서 있었다. 손에 들고 있던 책을 내려놓았다. "이 책은 지금 나를 채우기보다 짓누르는구나." 옷장도 열었다. 일 년 넘게 입지 않은 옷들을 꺼냈다. 미련을 버렸다. 계획표도 찢었다. 빼곡한 일정이 오히려 나를 조급하게 만들었다. 계획 없이 하루를 살아보았다. 낮잠을 자고, 하늘을 올려다보았다. 나답게 흘러가는 하루였다. 사람도 놓았다. 오래된 인연이라는 이유로 붙들고 있던 관계를 멀리했다. 손을 놓자, 관계가 회복되기도 했다. 비운다는 건 덜어내는 게 아니었다. 필요한 걸 남기는 일이었다. 물건, 일정, 관계, 감정, 목표. 비워낸 자리에 햇살이 스며들고 고요가 깃들었다.

내가 정리한 다섯 가지 행복의 정의다.

1. 감정에 솔직할 것.
2. 작은 일상을 소중히 여길 것.
3. 가족과 식사할 땐 오롯이 집중할 것.
4. 글을 쓰며 나를 들여다볼 것.
5. 비워낼 수 있는 용기를 가질 것.

오랫동안 꾸며진 표정과 강박 속에 갇혀 살았다. 웃어야 할 자리에서 웃고, 괜찮은 척, 강한 척하며 버텼다. 행복은 '척'하는 곳에 머물지 않는다. 감정을 솔직히 드러내고, 소소한 일상을 사랑하며, 함께 있는 순간에 온전히 집중할 때 행복은 비로소 다가온다. 그래서 다짐한다. 행복은 내일이나 먼 미래가 아니다. 지금 내가 있는 이 자리, 내가 숨 쉬는 바로 이 순간에 있다. 그 순간을 살아가는 가장 확실한 방법은 단 하나.

지금 이 순간, 나답게!

6
밥이 익는 동안 삶도 익는다

한 알의 밀알 속에도 세상이 들어 있다.

탈무드

알람이 울리고도 몇 번을 더 미뤘다. 몸은 쉽게 일어나지 못했다. 겨우 눈을 뜨고 가볍게 스트레칭을 했다. 아이를 깨우고, 쫓기듯 부엌으로 향했다. 바쁜 아침, 늘 서둘러야 하는 긴장감으로 가득했다. 빵 봉지를 뜯어 토스트를 구웠다. 커피포트에 물을 붓는 사이 시계는 이미 8시 50분을 가리켰다. 아이는 먹지 않고 등교하겠다고 했다. 나는 바짝 구운 토스트를 한 손에 쥐어주며 등을 떠밀었다. 아이는 문을 나서며 제대로 씹지도 못하고 꿀꺽 삼켰다. 나 역시 아침 강의가 있는 날이라 대충 커피 한잔을 마시고 부랴부랴 집을 나섰다.

지하철은 사람들로 꽉 차 있었다. 땀이 밴 옷, 거친 숨소리, 자꾸만 부딪히는 어깨. 속이 부대꼈지만, 아랑곳하지 않았다. 에어팟을 귀에 꽂고 음악만 들었다. 몸은 아침을 먹은 것 같았지만, 사실 아무것도 채워지지 않았다. 속은 비어 있었고 마음은 더 무거워졌다. 이상하게도 허기가 아니라 공허함이 몰려왔다. 오랫동안 이렇게 살았다. 아침 식사는 늘 대충 때웠다. 급하게 먹는 빵조각, 편의점에서 사 온 삼각김밥, 아니면 아예 끼니를 거르기도 했다. 식사는 그저 허기를 채우는 수단일 뿐, 그 이상의 의미를 두지 않았다.

"이거 마녀수프래. 속도 편해지고, 다이어트에도 좋대."
어느 날부터 남편이 아침마다 수프를 끓여주었다. 처음엔 먹기 싫었지만, 정성을 생각해 맛보았다. 소고기, 토마토, 양배추, 브로콜리, 감자, 셀러리가 듬뿍 들어간 붉은 국물. 익숙하지 않은 재료의 조합이었다. 수저를 들었다 내려놓기를 몇 번. 그러다 몇 숟갈을 넘기자, 속이 따뜻하게 데워졌다. 몸이 먼저 반응했다.

우리 부부는 따로 산다. 한 달에 한 번, 길게는 석 달에 한 번 집에 온다. 남편이 집에 오는 날은 마음이 느슨해졌다. 청소와 빨래를 도와주었다. 무엇보다 아침마다 요리했다. 주방 가득 퍼지는 수프 냄새. 김이 모락모락 올라오는 그릇을 식탁에 내려놓는 그의 손끝은 익숙했다. 나는 부스스한 눈으로 식탁에 앉아 억지로 한 숟갈을 떠 넣었다. "아! 맛있네." 한 그릇을 다 비우고 나니, 몸속까지 따뜻해졌다.

아침은 늘 쫓기는 시간이었다. 빵 한 조각을 입에 물고 계단을 뛰어

내려가던 날, 커피 한잔으로 허기를 달래던 날. 그러나 마녀 수프를 먹은 아침은 달랐다. 몸이 먼저 편안해졌고, 마음이 뒤따랐다. 바쁘다는 이유로 스스로에게 허락하지 않았던 것, 바로 '천천히 먹기'였다. 정성스럽게 시작하는 하루가 내 일상에 들어왔다. 소박한 밥상이 주는 힘이었다. 속이 따뜻해지니 목소리도 부드러워졌다. 종일 에너지가 일정하게 유지되었다. 그때부터다. 식탁 앞에 앉는 시간을 허투루 생각하지 않았다. 밥상을 차리는 일은 소중한 의식이었다. 나를 챙기는 소박하고도 경건한 일. 아침만큼은 꼭 챙겨 먹어야겠다고 다짐했다. 그것은 몸과 마음을 위한 최소한의 예의이자, 내가 나를 사랑하는 방식이었다. 불교 경구에 이런 말이 있다. '일반천은(一飯千恩).' 즉, 밥 한 그릇에도 천 가지 은혜가 담겨 있다는 말이다. 쌀 한 톨이 내 앞에 오기까지 수많은 손길과 땀이 있었다. 한 숟갈이 내 몸에 들어오는 순간, 그것은 단순한 음식이 아니라 세상과 연결되는 통로였다. 그렇다. 식탁은 작은 우주요, 한 끼는 삶을 지탱하는 은혜였다.

지인이 소금을 건네며 말했다. "좋은 물에 소금 한 꼬집 넣어 아침 공복에 마셔봐요. 몸이 달라질 거예요." 처음엔 반신반의했다. 인산염 소금이 위에 부담이 적고 미네랄이 풍부하다는 설명에 시도해 보기로 했다. 아침마다 물을 데우고 머그잔에 소금을 살짝 넣었다. 스푼으로 저으면 물결이 일었다. 첫 모금은 낯설었다. 며칠 지나자, 위장이 편안해졌다. 짠 기운이 혀끝을 감돌 때 묘하게 속이 풀렸다. 몸이 가벼워졌다. 소금물 한잔은 하루를 여는 의식이었다. 내 몸에게 전하는 인사. 컵을 두 손으로 감싸 쥐고 천천히 마셨다. 그 순간만큼은 어떤 소리도, 어떤 생각도 허락하지 않았다. 오직 나와 내 몸 사이의 대화만 있었다. 나를 돌본다는 건 거창한 변화가 아니었다. 소소하고 단순한 온기에서 시작되었다.

나는 요리하는 걸 좋아한다. 냉장고 문을 열고 식재료를 보면 어떤 요리를 할지 떠올랐다. 어느 아침, 부엌에 혼자 서 있었다. 도마 위에는 상추, 무, 애호박이 놓여 있었다. 손끝으로 야채의 결을 느끼며 다듬었다. 채소를 씻는 물소리, 칼끝이 도마에 닿으며 나는 '탁탁' 소리. 그 소리마저 마음을 정리했다. 밥솥을 열자 고슬고슬하게 지어진 현미밥에서 고소한 김이 올라왔다. 작은 냄비에는 된장국이 끓고 있었다. 된장의 구수한 향에 표고버섯의 깊은 냄새가 섞였다. 국자로 국을 저을 때마다 내 마음도 함께 저어지는 듯했다. 오늘 하루가 어떻게 흘러가든 이 국을 먹으면 지금보다 괜찮아질 거란 확신이 들었다. 접시에 나물무침을 조금씩 담았다. 엄마가 보내준 말린 고사리를 참기름에 볶고, 약간의 간장으로 간을 맞췄다. 무는 얇게 채 썰어 소금에 절였다가 고춧가루와 들기름으로 살짝 무쳤다. 김치 한 접시, 어제 먹다 남은 김을 곁들였다. 완성된 밥상은 화려하지 않았다. 다만, 오늘의 나를 환영해 주는 상차림이었다. 젓가락으로 밥 한 숟갈을 떠 넣었다. 따뜻한 온도가 마음으로 전해졌다. 칼질을 멈추지 않고 이어가는 동안 생각이 정리되었다. 물 끓는 소리를 들을 땐 마음도 잠잠해졌다. 국물을 떠 맛보는 동작조차 나를 향한 질문 같았다.

"지금 괜찮아? 이만하면 따뜻해?"

어떤 날은 하루 한 끼를 생식으로 대신했다. 간결하고 자연스러운 식사가 좋았다. 아침에 사과 하나를 껍질째 썰고, 견과류를 곁들였다. 샐러드는 전날 밤 미리 손질해 두었다. 아침에는 올리브 오일과 레몬즙만 더했다. 주방은 아삭한 채소 소리와 과일 향으로 가득 찼다. 보이차 한 잔을 곁들였다. 씹고, 삼키는 동안 음식과 함께 마음도 음미했다. 먹는다는 건 허기를 채우는 것만이 아니었다. 몸과 마음을 돌보는 거였다. 한 숟갈 한 숟갈에 마음을 담아 살아가는 일. 소박한 밥상은 나를 위해 남겨둔 시간, 나를 위한 온도였다.

그렇다. 한 숟갈의 밥을 천천히 씹는 순간, 삶은 이미 충분하다. 내가 원하는 평온은 멀리 있지 않았다. 오직 지금 이 밥상 위, 내 앞의 숟가락 위에 있었다.

밥상은 하루의 리듬이었다. 화려하지 않은 재료, 정성 어린 손길, 천천히 음미하는 식사. 그것은 바쁜 일상에서 나에게 건네는 안부였다. "은정아, 오늘도 잘 지내자." 소박한 밥상은 나를 돌보는 가장 쉬운 방법이자 확실한 위로였다. 먹는다는 건 살아간다는 것이고, 살아간다는 건 결국 나를 품는 일이었다. 식탁 앞에 앉는 순간은 작은 명상이 되었다. 나는 더 이상 아무렇게나 먹지 않는다. 입에 들어가는 한 숟갈이 나를 빚어낸다는 걸 알기 때문이다. 소박한 밥상이 쌓여 내 몸을 회복시키고, 나아가 내 삶까지 바꾸어 놓았다. 오늘도 오롯이 부엌에 섰다. 숨을 가다듬고, 작은 냄비 하나를 꺼내고, 쌀을 씻는다. 그리고 묻는다.
"지금, 무엇이 너를 가장 따뜻하게 해주니?"

사는 게 버거운 날일수록, 나는 밥부터 챙긴다. 쌀을 씻고, 물을 맞추고, 작은 냄비에 불을 올린다. 밥이 익어가는 동안, 마음도 서서히 가라앉는다. 김이 모락모락 오르는 순간, 삶도 천천히 익어간다. 한 끼의 따뜻함이 나를 살아 있게 한다. 그릇에 담긴 밥 한 숟갈은 단순한 음식이 아니라, 오늘을 버틸 힘이고, 나를 돌보는 가장 확실한 위로다. 그렇다. 밥이 익는 동안, 삶도 익는다. 내가 살아 있다는 증거는 결국, 이 소박한 밥상 위에 놓여 있다.

7
머무는 순간, 빛나는 삶

과거는 이미 지나갔고 미래는 아직 오지 않았다. 오직 지금이야말로 우리가 가진 유일한 순간이다.

헬렌 켈러

"자네는 요즘 어디에 머물고 있나?"

한 도반이 차를 마시던 자리에서 던진 물음이었다. 처음엔 대수롭지 않게 흘려들었다. 몸은 분명 이 자리에 있으니 당연히 '여기'에 있는 것 아닌가 하고. 근데, 그 말이 이상하게 마음에 걸렸다. 찻잔을 손에 쥐고도 온기를 제대로 느끼지 못했다. 눈앞의 사람보다 머릿속에 떠다니는 할 일 목록에 더 집중하고 있었다. 앉아 있어도 불안했고, 누워 있어도 마음은 쉴 틈 없이 돌아갔다. 눈앞의 일보다 다가올 일을 먼저 생각했다. 지금보다는 미래가 더 중요했다. 과거의 후회와 미래의 염려 사이에서, 지금 이 순간은 늘 빠져나가고 있었다.

"엄마, 나무가 웃고 있어!"

아이의 말에 "응, 그렇네." 하고 건성으로 답했다. 정작 나무를 쳐다본 적이 없었다. 저녁 반찬 걱정, 내일 강의 준비, 마무리하지 못한 원고 생각이 머릿속을 가득 채웠다. 돌이켜보니 늘 그랬다. 아이가 건넨 찰나의 마음을 놓쳤다. 몸은 그곳에 있었지만, 마음은 늘 다른 시간대에 머물렀다. 지금은 늘 뒷전이었다.

우연히 앨범을 넘기다 사진 한 장에서 멈췄다. 할아버지 댁 마당에서 찍은 사진이었다. 개 한 마리가 앉아 있었다. 이름은 '해피'. 눈치가 빠르고 영민했다. 나의 첫 동물 친구였다. 학교가 끝나면 곧장 할아버지 댁으로 갔다. 해피는 언제나 마중 나왔다. 뛰어오다 나를 발견하면 꼬리를 힘껏 흔들었다. 나도 해피를 부르며 달려갔다. 우리는 마당에서 해가 질 때까지 놀았다. 낡은 나무 의자에 앉아 해피의 등을 쓰다듬으면, 해피는 내 무릎에 머리를 얹고 졸곤 했다. 바람이 불면 흙냄새가 났고, 마당의 나무들이 금빛으로 물들 때까지. 그 시간의 고요함과 온도, 공기가 온몸에 각인되었다.

어느 날부터 해피는 보이지 않았다. 한참이 지나서야 할아버지가 말씀하셨다. "해피, 좋은 데 갔어." 어린 마음에도 무슨 뜻인지 알았다. 그저 고개만 끄덕였다. 울지 않았다. 속으로는 울컥했지만 참았다. '다시 만날 수 있을지도 몰라.' '괜찮아, 나는 강해야 해.' 스스로 다독였다. 그 뒤로 해피 이야기는 꺼내지 않았다. 해피의 체온과 숨소리, 꼬리 흔들던 모습이 문득문득 떠올랐지만, 서랍 속에 묻어두었다. 떠올리면 아프니까. 그때부터였는지도 모른다. 지금과 멀어지기 시작한 것이. 슬픔을 묻고 아무렇지 않은 척하는 게 강한 거라 여겼다. 그때 울었더라면, 지금 나는 좀 더 부드러운 사람이었을까?

 침대에 누워 눈을 감고 깊게 호흡했다. 내가 숨 쉬고 있다는 것, 내 몸이 이불 속에서 따뜻함을 느끼고 있다는 것, 이 방 안에 있다는 것을 하나하나 인식했다. 나는 지금 숨 쉬고 있고, 지금 여기에 있음을. 처음엔 어색했지만 반복할수록 안정되었다. 지금 여기에 있다는 알아차림이 조금씩 차올랐다. 이 순간을 살아낸다는 것이 어떤 건지 아주 조금은 알 것 같았다.

 도반의 소개로 '국선도'를 알게 되었다. 우리나라 전통 수련법 중 하나였다. 호흡과 명상, 신체 단련으로 몸과 마음의 조화를 이루는 수련이었다. 몸이 무겁던 날, 과천 수련원을 찾았다. 바닥은 푹신했고, 수련복을 입은 사람들은 조용히 자리에 앉아 있었다. 원장의 목소리와 눈빛은 낮고 잔잔했다. 그 평온함이 안심되었다.

 수련복을 입고, 기본동작을 안내받았다. 수련의 핵심은 단전호흡. 하단전, 배꼽 아래 약 3cm 지점에 기운을 모으는 방식이다. 정좌 자세로 앉아 호흡에 집중했다. 척추를 곧게 세우고, 코로 숨을 깊게 들이마셨다. 배가 천천히 부풀었다가 다시 들어갔다. 들숨과 날숨을 반복하자 배 안쪽에서 따뜻한 기운이 생겼다. 호흡에 익숙해지자, 간단한 움직임을 익혔다. 신체 각 부위에서 기의 흐름을 의식하라 했다. 어려웠다. 관절과 근육을 부드럽게 풀어주었다. 한 세션을 해보자고 했다. 고요한 음악을 틀었다. 막막했다. 그저 따라 할 뿐이었다. 5분 정도 준비 호흡한 후, 편하게 앉아 복식 호흡하며 긴장을 풀어주었다. 천천히 몸을 움직였다. 기운의 흐름을 느끼며.

목을 천천히 돌리고, 어깨를 들썩였다가 떨어뜨렸다. 팔을 위로 뻗어 옆구리를 늘리고, 허리를 둥글게 돌렸다. 발목과 무릎을 가볍게 움직이자, 몸이 조금씩 편안해졌다. 호흡하며 단전에 집중했다. 코로 숨을 깊게 들이마시며 공기가 목과 가슴을 지나 배로 내려가는 길을 상상했다. 내쉴 땐 천천히 입으로 길게 내보냈다. 배 속이 단단하게 모이고 따뜻한 불씨가 켜지는 것 같았다. 손끝이 간질거리고 발바닥이 따뜻해졌다. 마지막에는 호흡을 가볍게 하며 몸을 이완했다. 손바닥을 비벼 따뜻해진 손으로 얼굴과 배를 쓰다듬었다. 몸의 긴장이 풀렸다. 동작은 유연하고 반복적이었다. 너무 과도하게 하지 말고, 매일 꾸준히 하는 것이 중요하다고 했다. 물론 호흡이 어지럽거나 몸에 무리라면 즉시 중단해도 된다.

그날 이후 아침이 달라졌다. 어둠이 채 걷히지 않은 새벽, 조용히 앉아 호흡을 이어갔다. 온몸으로 기운을 들이마시고 천천히, 깊게 숨을 내보냈다. 등을 곧게 펴고 바닥에 앉아 눈을 감았다. 들숨은 나뭇잎 사이로 스며드는 바람 같았고, 날숨은 오래 묵은 감정이 빠져나가는 듯했다. 한 호흡, 한 호흡. 마음속 먼지를 털듯, 내 안을 정리했다. 말 한마디 없이 나를 다독이는 일이 숨으로도 가능했다.

호흡이 가라앉으면, 몸을 일으켜 천천히 동작을 따라갔다. 하늘을 향해 두 팔을 올렸다. 손끝부터 척추를 따라 기운이 내려오는 걸 느끼며 다시 낮추었다. 단순해서 쉽게 할 수 있을 것 같지만, 결코 흐트러질 수 없는 집중이 필요했다. 발바닥이 바닥을 누르는 감각, 복부 깊은 곳에서 퍼져 나오는 온기, 손끝이 공기를 가르는 미세한 떨림까지. 모든 감각이 내게 말을 걸어왔다. 머리로 이해하는 대신 몸으로 '관(觀)'했다. 몸은 늘 진실했다. '지쳤다.' '멈춰야 한다.' '이 순간이 좋다.' 단순하지만 분명한 메시지였다.

수련이 거듭될수록 내 일상도 변했다. 예전 같았으면 놓쳤을 소리가 들렸다. 발밑에 스치는 공기, 방 안의 정적, 내 숨소리, 심장의 고동. 내가 지금 살아 있음을 알아차렸다.

"아, 지금이구나. 나는 지금 여기에 있구나."

내 안의 소란이 멈췄다. 지나쳐 온 순간들이 고요히 이곳에 머물렀다. 마침내 그 안에 들어설 수 있었다. 아무것도 증명하지 않아도 되고, 애쓰지 않아도 되는 순간이었다. 그저 숨 쉬는 것만으로 충분했다.

과거는 이미 지나갔다. 미래는 아직 오지 않았다. 내가 붙잡을 수 있는 시간은 언제나 '지금'뿐이었다. 하루 24시간, 그 안에 충만한 생명이 흐른다. 아이들의 웃음, 세탁기 돌아가는 소리, 바람에 흔들리는 커튼, 창밖 자동차 소리까지. 모든 순간은 더 이상 흘러가는 풍경이 아니었다. 내가 살아내는 삶의 한 장면이었다. 지금 여기에 머문다는 건, 부족하고 흔들리고 서툰 나를 있는 그대로 껴안는 일이다. 진짜 행복이 움튼다. 지금을 품는 사람이, 가장 단단한 삶을 살아간다. 더 가지려 하지 않아도, 더 증명하지 않아도 되는 자유. 그 자유 속에서 비로소 삶은 빛난다. 그렇다. 머무는 순간, 삶은 가장 빛난다.

8
가장 귀한 것은 내 안에

> 사람들은 온 세상을 돌아다니며 자신을 찾으려 하지만, 결국 자신은 자기 안에서 발견된다.
>
> 호세 오르테가 이 가세트

요즘 내가 가장 소중하게 여기는 게 뭘까? 선뜻 대답하지 못했다. 예전 같았으면 '가족'이나 '일'이라 즉답했을 텐데. 곰곰이 되물어도 확신이 서지 않았다. 오랜 시간 나는 외부의 평가와 성취에 의존하며 살아왔다. 누군가의 잘하고 있다는 말 한마디에 살아 있는 것 같았다. 누적된 일과 일정, 계획과 책임이 곧 나의 가치라 믿었다. 바쁘게, 성공적으로 사는 것 같았지만, 마음은 늘 공허했다. 수많은 자격증, 강의 일정, 책 출간과 집필로 가득 찬 스케줄러. 겉은 화려했지만, 속은 허전했다. 애써 달려도 불안은 줄지 않았다.

그날도 블로그에 한 편의 글을 올리고 있었다. 성취감이라는 이름으로 포장된 허무감. 그게 내 진짜 마음이었는데 말이다. 공감과 댓글이 올라오는 걸 보며 가슴이 텅 빈 듯했다. 웃고 있었지만, 마음은 울고 있었다. 눈을 감고 숨을 들이마셨다. 폐에 가득 공기를 채우고, 잠시 호흡을 멈추었다가 천천히 내쉬었다. 마치 내 안 깊은 곳 어딘가가 '톡'하고 열리는 듯했다. 열린 틈 사이로 부드럽고 따뜻한 목소리가 흘러나왔다.

'너한테 가장 귀한 것은, 바로 네 안에 있어!'

입가에 닿은 액체. 짠맛이다. 언제부터 나를 이렇게 외면해 왔을까. 언제부터 '좋은 사람', '괜찮은 사람', '잘 나가는 사람'이 되려고만 했던가. 외부의 기준에 맞추어 스스로를 깎아내리고 다듬고 포장해 살아왔다. 내 안의 진짜 가치를 찾아보기로 했다. 쉽지 않았다. 오히려 머릿속이 더 복잡했다. '이건 시간 낭비 아냐?' '이 시간에 뭐라도 해야 하는 거 아닌가?' '이거 해서 뭐가 달라질까?' 끊임없이 의심이 따라붙었다. 그래도 매일 아침, 10분이라도 명상하며 나를 만나기로 했다. 호흡에 집중하면 내 안의 목소리가 조금씩 또렷해졌다. 그것은 위로나 달콤한 환상이 아니었다. 내 삶을 흔드는 진실이었다. 나는 지금 어떤 상태인지, 내가 원하는 삶은 무엇인지. 매일 나에게 되묻고, 감정의 소리를 기록했다. 그 과정에서 알았다. 결국, 나를 살리는 힘은 타인의 인정이나 외부의 성과가 아니라, 나 자신을 인정하고 돌보는 태도인 것을.

22년 3월. 자이언트 북 컨설팅에서 진행한 '공저 프로젝트'에 참여했다. 처음엔 짧은 글 한 편을 완성하면 되는 작업이라 생각했다. 부담 없이 시작했다. 막상 시작하려니, 책상 앞에서 머뭇거렸다. 왜 참여했을까. 포기할까. 오만 생각으로 복잡했다. 글이라는 게 한 편의 원고로 끝나는 것이 아니었다. 내 삶을 정면으로 마주해야 하는 과정이란 걸 그제야 알게 되었다. 첫 문장을 쓰기까지 무려 이틀. 여러 번 키보드를 두드렸다 지우기를 반복했다. 자판 위에 놓인 손끝이 덜덜 떨렸다. 마음속에서 자꾸만 스쳐 지나가는 장면들. 글로 표현하는 건 또 다른 용기가 필요했다. 과연 이 글이 누구를 도울 수 있는지, 나 자신을 솔직하게 드러낼 준비가 되어 있는지. 글공부와 쓰는 건 달라도 너무 달랐다. 글을 쓰는 건 생각보다 더 깊고 더 정직한 자기 대면의 시간이었다.

  매일 아침, 모닝 페이지를 썼다. 눈을 뜨면 뜨거운 물 한잔을 마시고, 책상에 앉아 펜을 들었다. 생각의 방향을 정하지 않았다. 그저 마음이 이끄는 대로 손을 움직였다. '오늘은 이상하게 불안하다. 어제 그 대화가 마음에 남는다. 나는 왜 그렇게 쉽게 상처받을까.' 내 안에서 일어나는 번뇌 덩어리들을 가감 없이 적었다. 글이라기보다 일기에 가까웠다. 매일 쓰다 보니 감정의 윤곽이 점점 뚜렷해졌다. 글을 쓰며 알게 되었다. 내가 얼마나 나와 단절되어 있었는지. 얼마나 타인의 시선에 길들여져 있었는지. 내 진심을 외면한 채 괜찮은 사람, 잘 사는 사람으로만 살아오려 했던 거다. 처음 참여한 공저 프로젝트. 출간을 위한 집필이 아니었다. 내면 깊숙이 묻어두었던 감정, 상처, 그리고 나의 진심과 마주하는 시간이었다. 단연 내 인생에서 중요한 전환점이었다. 우여곡절 끝에,

원고의 마지막 문장을 마침표 찍으며 나 자신과 화해했다. 공저 프로젝트는 기회였다. 오랫동안 외면했던 내 마음을 오롯이 껴안았다. 비로소 진짜 나의 이야기가 시작되었다.

두통이 유독 심해졌다. 가슴이 갑갑하고, 잠도 잘 오지 않았다. 병원에 가도 뚜렷한 원인은 나오지 않았다. 오랜 지병의 후유증이거나 연장선 같았다. 지인의 안내로 '곽림기공(郭林氣功)'을 알게 되었다. 걷는 기공이라니. 뭔가 알듯 말 듯. 낯설었지만, 묘하게 끌렸다. 중국의 곽림(郭林) 여사가 암 투병 중에 고안한 수련법이라 했다. 방배동 수련원. 향냄새가 은은히 감도는 공간. 말수 적은 지도자의 따뜻한 눈빛. 첫 느낌부터 마음이 놓였다. 간단한 설명을 들으니, 호흡과 걷기와 손동작을 결합한 수련이었다.

워킹 기공이 기본이다. 특정 호흡 리듬과 발걸음을 맞추는 자연보행공을 배웠다. 입을 살짝 열고 '후~' 하고 바람 빠지는 소리로 숨을 내쉰다. '바람 호흡'이다. 들숨은 코로, 날숨은 바람처럼. 이게 뭐 대단하겠나 싶었는데, 직접 해보니 달랐다. 억지로 조절하지 않으니 오히려 숨이 살아서 흘렀다. 몸이 먼저 알고 있었다.

네 걸음에 들이쉬고, 네 걸음에 내쉬고(4보 1호흡). 보폭은 짧았다. 걸음은 느렸다. 정해진 건 없었다. 호흡과 발걸음이 하나로 맞아들어갈 때의 기분은 묘하게 중독된다. 머릿속이 고요해졌다. 걸음 하나마다 마음도 정돈되었다. 바람을 마시고 햇살을 들이켜며 걷는다. 손동작도 있다.

양팔을 자연스럽게 흔들기도 하고, 한 손은 단전에 두고 다른 손은 앞으로 뻗는다. 처음엔 그저 몸짓 같았다. 시간이 지난 후에야 손끝으로 기운이 흐른다는 말을 이해했다. 믿음보단 감각의 문제다. 가만히 집중하고 있으면 손끝이 말없이 말해준다. 나, 지금 여기 있다고. 동작은 느렸지만 단단했다. 호흡은 깊었지만 부드러웠다.

수련이 끝나면 다시 두 손을 아랫배 위에 얹고 눈을 감는다. 흩어졌던 기운을 다시 거두는 '수공(收功)'의 시간. 숨이 들고나며 정리된다. 머리가 맑아지고 마음이 고요해졌다. 언제나 밖으로만 향했던 시선이 내 안으로 돌아왔다.

가끔 새벽 4시에 일어나 집 앞 공원으로 나간다. 어깨너비로 다리를 벌리고, 양손은 아랫배 위에 가만히 올려둔다. 아무것도 목표하지 않고 그냥 서서 호흡한다. 처음엔 뻘쭘했고, 다소 민망했다. 신기하게도 곧 고요가 편안해졌다. 30분의 걸음과 숨이 하루를 바꾼다. 곽림기공은 운동이 아니라 나를 회복하는 의식이었다. 생각에서 감각으로 돌아가는 훈련. 그동안 무시했던 몸이 말을 걸어왔다. 수련하며 손끝의 온도, 뺨을 스치는 바람, 들숨과 날숨의 길이를 온전히 느꼈다. 내면의 고요와 연결되는 듯했다. 숨을 쉬며 걷는 동안 나는 다시 살아 있다는 감각을 되찾았다. 아프지 않아도, 힘들지 않아도 우리는 누구나 회복이 필요한 존재다.

성취도, 누군가의 인정도, 사회적 평가도 중요할 수 있다. 하지만 그것이 내 삶의 중심은 아니었다. 가장 귀한 것은 언제나 내 안에 있었다. 다만, 이제야 그것을 느낄 수 있는 사람이 되었을 뿐이다. 복잡한 세상 속에서 흔들리지 않으려면 내 안의 평온함이 필요하다. 내면의 따뜻한 숨결이 나를 있는 그대로 안아준다. 내가 나를 인정하는 태도, 내 호흡에 귀 기울이는 시간, 내 마음을 따뜻하게 안아주는 힘. 글을 쓰면서, 숨을 쉬며, 비로소 체감했다. 이게 바로 나를 되찾는 방식임을. 오롯이 나만의 호흡과 감각으로 살아가는 삶임을. 그것이 가장 귀하고, 가장 단단하며, 가장 나다운 길이었다. 결국, 삶의 답은 밖이 아니라 내 안에 있었다.

진짜 나와 마주 서는 시간

오래도록, 나는 나에게 묻지 않았습니다. 남들이 정해준 길을 따라가며 그게 옳은 줄만 알았습니다.

하지만 이제는 다릅니다. 질문이 시작되었고, 그 질문이 나를 다시 살게 했습니다.

나는 지금 어디쯤 와 있는가?
이 삶은 정말 내가 원하는 방향인가?
내 마음은 지금도, 조용히 답을 말하고 있었음을 깨달았습니다.

조금 늦었을 수도 있습니다. 하지만 괜찮습니다.
질문을 멈추지 않는 한, 길은 언제든 다시 열리니까요.

이제는 나를 외면하지 않습니다.
몸이 보내는 신호에 귀 기울이고, 마음이 속삭이는 소리를 놓치지 않으려 합니다.

삶이란 어쩌면, 정답을 찾는 여정이 아니라 끊임없이 질문하고 나와 다시 연결되는 반복의 시간일지도 모릅니다.

이제 나는 누군가의 삶이 아니라, 내가 선택한 삶을 살아가기로 결심합니다.

조용한 전환, 나와 마주한 문장들

나는 어디로 가고 있는가.

아니, 그 전에…

나는 정말, 나에게로 가고 있는가.

이제는 외면하지 않는다.
질문을 던지는 그 순간,
이미 삶은 달라지기 시작하니까.

멈추어 서서 묻는다.
나는 지금, 나답게 살고 있는가?

다섯 번째 안녕

몸과 마음의 신호를 듣다

> Q1 당신만의 루틴, 즉 안녕을 지켜내는 작은 습관은 무엇인가요?
> Q2 오늘 하루, 당신은 스스로에게 'No'라고 말할 수 있었나요?
> Q3 당신의 하루에서 가장 빛나는 순간은 언제인가요?

1
관찰하고 사색하기

잠시 멈추면 보이지 않던 것이 보인다.

노자

하루에 딱 10분. 멈춰서 주변을 바라본 적 있던가? 나에게 던진 물음이다. 바쁘게 걷는 사람들, 급하게 지하철 타러 가는 길, 허겁지겁 아침을 먹는 내 모습. 나는 지금 어디로 가고 있는 걸까? 그저 하루를 통과하고 있는 걸까, 살아내고 있는 걸까?

움직여야만 살아 있는 거라 여겼다. 착각이었다. 눈을 뜨자마자 스마트폰을 확인했고, 보이차를 우리는 사이에도 머릿속은 복잡했다. 문득 이런 생각이 들었다. 한 번이라도 내 마음을 오롯이 바라본 적 있었던가. 몸은 부지런히 움직였지만, 마음은 어디에도 닿지 못한 채 붕 떠 있었다.

지인과 약속이 있어 스타벅스에 갔다. 창가 자리가 보이길래 얼른 앉았다. 벽을 등지고 앉은 사람, 노트북을 들여다보며 인상을 찌푸리는 사람, 휴대폰을 손에 쥔 채 한숨을 내쉬는 사람. 한 장면 한 장면이 마치 영화의 한 컷처럼 다가왔다. 그들을 바라보며 나는 나를 바라보았다. 신기했다. 그저 조용히 세상을 바라보았을 뿐인데, 내 안이 정리되는 느낌이었다. 내가 놓치고 있던 건 '지금, 여기'였다.

관찰과 사색이 필요했다. 관찰은 나를 알아차리는 출발점이고, 사색은 나를 이해하는 길이다. 나 자신을 비추는 거울. 즉, 생각의 주인이 되지 못하면 자꾸만 외부 자극에 흔들리고 만다. 나를 지키기 위해서든, 마음의 짐을 덜어내기 위해서든. 단연 나를 관찰하고 생각할 시간을 가져야 한다. 왜냐? 생각 없이 사는 건 바다에서 나침반 없이 떠도는 배와 같다. 당장 급한 일에만 반응하고 눈앞의 감정에 휘둘리다 보면, 결국 어디로 가고 있는지도 모른 채 지치고 만다. 관찰은 삶의 방향을 바꾸는 힘이고, 사색은 말없이 내면을 정리하는 도구다. 하루 10분이면 충분하다. 감정을 비워내고 새로운 가능성을 채워 넣는 여백. 멈추자는 말이 아니다. 적극적인 내면 활동을 하자는 말이다.

작년 가을, 평소보다 일찍 집을 나섰다. 쌀쌀한 기운이 옷깃 사이로 스며들었다. 코끝이 서늘해지는 게 '이제 정말 가을이구나.' 싶었다. 아파트 둘레길을 걷다가 발걸음이 멈췄다. 바람이 살랑 불자, 은행나무 가지에서 잎들이 우수수 떨어졌다. 무언가 바스락하고 터지는 소리가 났다. 노랗게 물든 잎들이 춤추듯 내려앉았다. 슬로우 모션. 나뭇잎은 공중에서 이리저리 떠다니다 이내 포기한 듯 땅에 살포시 떨어졌다. 잎들이 바닥 위에 하나둘씩 포개어지며 쌓여갔다. 또 바람이 불었다. 이미 떨어진 잎들이 흩어졌다가 다시 모였다. 짧은 시간이었지만, 장대한 무언극 같았다. 묘하게 쓸쓸했다. 단풍은 지고, 바람은 모든 걸 휩쓸어 가지만 계절은 멈추지 않고 흐른다. 나 역시 상처받고 잊힐 수 있지만, 낙심의 시간 또한 무언가가 움트는 시작일 수 있다. 가을은 낙엽을 흩날리며 그 자리에 희망을 심고 있었다.

한겨울 오후, 인사동의 작은 카페. 창가에 앉아 대추차를 홀짝이며 주위를 살폈다. 어느 테이블에 시선이 멈췄다. 하얀 셔츠를 입은 여성이 커피잔을 감싼 채 책을 읽고 있었다. 눈빛이 담담했다. 앞에는 블랙패딩을 입은 남자가 앉아 있었다. 고개 숙인 채 스마트폰만 들여다보고 있었다. 알림음이 쉴 새 없이 울렸고, 그의 발끝은 초조하게 바닥을 두드렸다. 같은 공간, 같은 테이블, 같은 시간. 둘 사이엔 보이지 않는 벽이 놓여 있었다. 불현듯 떠올랐다. '함께 있어도 외로울 수 있구나.' 나도 그런 적이 있었다. 아이들과 웃으며 대화하다가도 문득 마음이 허공에 떠 있는 느낌. 그때마다 나에게 물었다. 지금, 이 사람과 진짜 함께하고 있는가. 마음이 여기 있는가. 그렇게 조금씩 마음이 닿게 하려 노력하니 관계도 달라졌다.

지금을 사는 사람들은 정보와 감정에 쉽게 휩쓸린다. 빠르게 스크롤하고, 빠르게 소비하며, 빠르게 잊는다. 쉽게 판단하고 쉽게 지나친다. 그러다 가장 먼저 나를 잃는다. 내 감정인지 남의 감정인지, 내가 원한 삶인지 타인의 기준에 맞춘 삶인지조차 헷갈릴 때가 많다. 그럴 때 필요한 것이 관찰과 사색이다. 내 속도를 되찾는 강력한 방패이고, 흔들리는 내면을 붙잡는 단단한 닻이다. 깊이 있는 삶은 관찰에서 시작되고 사색으로 자란다. 어렵지 않다. 그저 내 시선을 잠시 멈춰 삶의 조각들을 바라보면 된다. 나에게 어떤 감정을 불러일으키는지를 들여다보는.

나는 몇 가지 방법으로 나만의 관찰과 사색을 이어가고 있다.

첫째, 일부러 멈춤의 시간을 정한다. 의식적인 멈춤은 시간보다 태도의 문제다. 엘리베이터 안, 신호등 앞, 식사 전 몇 분. 짧은 몇 초에도 마음을 멈추고 주위를 둘러본다. 지금, 어떤 냄새가 나지? 이 빛, 오늘따라 조금 따뜻한데! 세상은 빠르게 움직이지만 나는 멈춘다. 아주 잠깐이면 된다. 의외로 마음이 충만해진다.

둘째, 메모장을 분신처럼 지니고 다닌다. 단어나 느낌, 스치는 생각을 즉시 기록한다. 기쁨이든, 불편함이든, 궁금함이든. 나중에 다시 보면 나의 감정이 얼마나 다양했는지 안다. 글을 잘 쓰려는 게 아니다. 그저 떠오른 생각을 놓치지 않기 위해서다. 특히, 지치거나 외로울 때 꺼내보면 위로가 된다. 기록은 감정을 내 것으로 만든다.

셋째, 산책 중엔 핸드폰 OFF, 마음은 ON. 처음엔 허전했다. 음악도 없고, 사진도 못 찍고, 누가 연락할까 불안하기도 했다. 곧 익숙해졌다. 세상이 눈에 들어온다. 햇빛이 나무 사이로 비집고 들어오는 장면, 노란 꽃잎이 바람에 휘날리는 모습, 저만치서 들리는 누군가의 웃음소리. 오감으로 느낀다. 모든 기억은 사진보다 더 또렷하다. 한 걸음, 한 시선, 나뭇잎 위로 떨어지는 빛만으로 마음의 노트가 채워진다.

넷째, 관찰한 것에 질문을 던진다. 관찰은 멈춰서 보는 게 아니다. '왜?' 하고 묻는 순간 시작이다. '왜 저 사람은 그런 표정을 지었을까?' '저 순간의 마음은 어떤 색일까?' '나였다면 어땠을까?' 질문은 곧 사색으로 이어진다. 즉, 내 안의 감정을 흔들어 깨운다. 나 자신을 더 잘 알게 되고, 세상이 조금 더 친근하게 다가온다.

다섯째, 주 1회 '생각 노트'를 쓴다. 일주일 동안 가장 인상 깊었던 장면이나 떠오른 생각들을 적는다. 아주 사소한 순간도 기록한다. 어쩔 땐 한 문장, 어쩔 땐 하나의 장면, 혹은 그냥 떠오른 말 한 조각. 쓰니 삶이 보였다. '아, 내가 요즘 이런 것들에 반응하고 있구나.' '나는 이런 풍경에 마음이 따뜻해지는 사람이구나.' 내 삶 속에서 자라고 있는 나를 발견한다.

관찰과 사색은 특별하지 않다. 차 한잔, 창밖의 나무, 길을 걷다 마주친 얼굴 하나에도 내 마음이 드러난다. 중요한 건 '어떻게 바라보느냐'다. 오늘 하루 내 마음은 어떤 풍경을 닮아 있었는가. 기억에 남는 말, 문득 멈추게 한 표정. 그것은 어쩌면 내 마음의 거울일지 모른다. 관찰은 내 감정을 밝혀주고, 사색은 내가 가야 할 방향을 가리킨다. 조용히 나를 마주하는 시간이야말로 소리 없이 나를 단단하게 만드는 무기다. 늘 바쁘더라도 가장 중요한 질문만큼은 놓치지 않아야 한다.

"지금 나는, 나와 잘 지내고 있는가?"

2
'No'라고 말할 수 있는 용기

거절할 줄 아는 능력은, 자신을 존중하는 가장 분명한 방식이다.

수잔 케인, 『콰이어트』 중에서

나는 오랫동안 거절하지 못하는 사람이었다. 누가 부탁하면 나도 모르게 습관처럼 말했다. "응, 할게."

그렇게 수락한 일들이 어느새 내 일상을 꽉 채웠다. 정작 내 시간을 돌보는 일은 후순위. 상담 요청, 강연 제안, 갑작스러운 모임들까지. 거절하지 못하고 모두 받아들였다. 나도 모르게 지쳐갔다. 마음은 고장 났고, 몸은 쉬이 회복되지 않았다.

많은 사람이 관계가 깨질까 두려워 거절을 피한다. 좋은 사람이고 싶어서, 상처 주고 싶지 않아서 늘 Yes를 말한다. 하지만 진짜 건강한 관계는 솔직함과 분명한 경계 위에 세워진다. 모든 부탁에 응답할 수도,

모든 기대를 다 충족시킬 수도 없다. 거절하지 못하는 삶은 곧 내 삶을 놓치는 삶이었다. 내가 처음으로 'No' 하게 된 건 몸이 보내온 신호 때문이었다. 스트레스성 위염이 찾아왔고, 약을 먹어도 낫질 않았다. 밤마다 뒤척이며 잠도 옳게 못 잤다. 몸은 이미 오래전부터 나를 향해 '이제 그만'이라 외치고 있었다. 나부터 먼저 챙기려면 반드시 거절해야 했다. 거절이야말로 나를 지키는 가장 따뜻한 선택이었다.

 지난 일요일, 알람에 쫓기지 않고 늦잠을 잤다. 천천히 몸을 일으켜 커튼을 젖히자, 희끄무레한 빛이 방 안 가득 번졌다. 구름이 잔뜩 끼어 햇살은 보이지 않았지만, 덕분에 눈이 편안했다. 빗방울이 규칙 없이 떨어졌고, 간간이 바람이 스치자 축축한 흙냄새가 났다. 비 오는 날 특유의 내음이었다. 숨을 깊이 들이마시자, 눅진하면서도 신선한 공기에 마음이 한결 가벼워졌다. 오늘은 어떤 약속도, 해야 할 일도 없는 날이었다. 온전히 나를 위해 쓰겠다고 다짐했다. 오롯이 나의 쉼과 나의 회복으로 채우겠다고.
 주전자에 물을 올리고 보이차를 우렸다. 잔을 두 손으로 감싸자, 손바닥으로 온기가 퍼졌다. 한 모금 머금으니 은은한 쌉싸래함이 목을 타고 내려가며 부드러운 여운을 남겼다. 오래 미뤄둔 책 한 권을 꺼내 들었다. 소파에 앉아 책장을 넘겼다. 종이 스치는 소리가 방 안을 채웠다. 평소라면 서둘러 읽었을 문장도 천천히 머물렀다. 창밖의 빗소리와 바람 소리가 잔잔한 배경 음악처럼 들렸다. 모든 게 나를 쉬게 하려는 듯 고요했다. 아무것도 하지 않겠다는 건 지금을 온전히 느끼는 일이었다. 오랜만에 내 삶이 내 자리에 있는 듯했다. 서서히, 정말 서서히 긴장이 풀렸다.

오후 두 시쯤, 스마트폰이 진동했다. 오랜만에 연락이 온 익숙한 이름. "오늘 좀 봐요. 통 못 봐서 궁금하네요. 이러다 얼굴 잊겠어요." 기분이 묘했다. 그를 온전히 받아들일 준비가 되어 있지 않았다. 아니, 솔직히 말하면 반갑지 않은 문자였다. 순간의 기분은 이랬다.

첫째, 갑작스러운 제안이 숨 막혔다. 계획되지 않은 만남. 내 안정을 위협하는 느낌이랄까. 오늘은 아무것도 하지 않겠다고 다짐했는데. 쌓아 올린 작은 성이 무너지는 것 같았다.

둘째, 고마웠지만 동시에 무거웠다. 지인의 말에는 배려가 있었지만, 나는 그 배려에 응답할 에너지가 없었다. 상대가 좋은 의도로 다가올 때조차, 나를 지키는 게 이렇게 힘든 일인지.

셋째, 죄책감도 따라왔다. '내가 너무 이기적인가?' '그의 진심을 외면한 건 아닐까?' 내가 거절해서 상처 입을까 염려됐다. 반면, 말을 섞지 않아도 되는 하루, 아무도 신경 쓰지 않아도 되는 오후. 안식이 무너지면 나는 또다시 무너질 것 같았다. 이미 몇 번이나 타인의 기대를 우선했다. 그때마다 내 마음 체력은 소진되었다.

조심스레 손가락을 움직였다. 문장을 쓰고, 지우고, 다시 썼다. "고마워요. 그치만 오늘은 집에서 쉬고 싶어요. 다음에 꼭 봐요." 이 짧은 문장을 보내는 데 몇 분이 걸렸다. 혼자 있고 싶다는 말이 이렇게 어렵다니. 너를 거절한다는 선언처럼 느껴졌다. 그에게 상처 입힐까 봐, 내가 이기적인 사람으로 비춰질까 두려웠다. 사실 그 말은, 내가 나를 사랑하겠다는 단단한 다짐이었는데 말이다. 문자를 보내고 스마트폰을 살포시 내려놓았다. 놀랍게도, 아무 일도 일어나지 않았다. 지인의 답장은 "알겠어요, 다음에 보죠.:)"였다.

나는 그대로 다시 책을 펼쳤다. 같은 문장이 이번에는 훨씬 가볍게, 훨씬 선명하게 읽혔다. 거절은 관계의 끝이 아니었다. 내 안의 경계를 지키는 시작이었다. 기대를 거스른다는 두려움보다, 나의 필요를 외면하는 것이 더 위험한 진실이었다. 한 번의 No! 평온했다. 회복의 시작이었다.

수원에서 볼일을 마치고 집에 돌아오는데 2시간 40분. 간신히 집에 도착하니 밤 8시가 넘었다. 몸이 처졌다. 피로에 잠식되는 듯했다. 손목이 뻐근하고 어깨는 긴장으로 단단히 뭉쳤다. 샤워한 후 따뜻한 수건으로 얼굴을 감쌌다. '아! 개운해.' 짧은 위로였다. 부엌으로 향했다. 전기포트에 물을 끓여 생강차를 우렸다. 어둑한 거실에 작은 조명을 켜고, 소파에 앉았다. 하루라는 전장이 끝났음을 알리듯 평화가 찾아왔다.

카톡! 스마트폰 화면에 짧은 메시지. "오늘 술 한잔 어때?" 순간, 여러 감정이 동시에 일었다. 최근 연락하지 못했기에 고민됐다. 그러면서 몇 개의 장면이 스쳤다. 프로젝트 기획하며 웃던 얼굴, 진로를 고민하며 토론하던 모습, 속상한 날 맥주잔 부딪치며 나눴던 격려들. 그 시절이 그리워질 만큼 반가운 이름이었다. 금세 망설임으로 전환됐지만.

요즘 건강 상태가 별로라 술을 피하고 있었다. 속쓰림, 두통, 불면으로 몸도 마음도 지쳤다. 실제로 몇 주 전에는 술 한잔에 바로 속이 뒤틀렸다. 무엇보다, 오늘은 누군가를 만날 기분이 아니었다. 말하고 웃고, 분위기를 맞춰야 하는 자리에 나를 맡길 수 없었다. 이런 생각도 들었다. '거절하면 서운해하지 않으려나? 괘씸하게 여길지도. 나를 다신 부르지 않을지도 몰라…' 불안했는지, 한동안 스마트폰 들고 멍하니 있었다. 지금 나에게 필요한 건 휴식이었다. 핑계가 아닌 나를 돌보지 못한 결과였다.

카톡으로 답했다. "선배, 정말 뵙고 싶은데, 요즘 몸이 좋지 않아 술을 자제하고 있어요. 대신 밥 한 끼 어때요?" 조심스러웠다. 너무 직설적인 건 아닌지, 너무 정중하면 또 거리감이 느껴질지. 그럼에도 나답게 솔직하게 말하는 게 최선이었다. 몇 분 뒤, 도착한 선배의 답장은 너무나 담백했다. "그래! 밥 좋지. 너랑 얘기 나누고 싶었어." 가벼운 문장에 졸이던 마음이 풀렸다. 거절은 오해의 씨앗이 아니었다. 더 좋은 연결의 시작이었다. 내가 먼저 솔직해지니 상대도 그대로 응답해 준 거다.

그날 밤, 자사호에 우린 차를 모두 마셨다. 떫은맛 하나 없이 달았다. 예전 같으면 거절했다는 죄책감으로 마음이 불편했을 텐데, 고요하고 편안했다. 스스로를 존중했기에 뿌듯했다.

거절은 관계를 끊는 칼이 아니었다. 내 삶을 지켜내는 선택이었다. 모든 사람을 만족시키려 애쓰다 보면 결국 나를 잃는다. 중요한 건, 타인의 기대보다 내 마음의 목소리에 먼저 귀를 기울이는 일이다. 이제는 누군가 부탁하면 나에게 먼저 묻는다. "지금 네가 진짜로 원하는 건 뭐야?" 마음이 편치 않다면 두려워 말고 말해야 한다. "아니요, 이번에는 어렵습니다." 이 한마디가 나를 지키는 울타리이고, 나를 존중하는 출발점이다. 내 하루와 내 에너지는 누구보다 소중하다. 누구 것도 아닌, 오롯이 내 거다. 내 삶의 일부. 때로는 단호해도 괜찮다. 'No'는 내 안의 나에게 건네는 가장 따뜻한 'Yes'다.

3
해야 하는가, 하고 싶은가

네 영혼이 원하는 일을 따라가라. 그러면 우주는 그 길에 힘을 보태 줄 것이다.

조셉 캠벨

토요일 아침 6시 45분. 알람 없이 눈을 떴다. 커튼 사이로 햇살이 들어와 방 안 벽면에 드리워졌다. 평소대로라면 청소기를 손에 들었다. 보통 주말 오전 9시 전후로 집안 곳곳을 청소하며 하루를 시작했다. 그날은 달랐다. 창문 유리에 맺힌 먼지 자국 사이로 햇살이 반짝였다. 아침 공기가 낯설 정도로 유난히 맑았다. 창문을 반쯤 열자, 바깥 공기가 예상보다 따뜻했다. 날씨 앱을 보니 9도였지만, 체감 온도는 훨씬 높았다. 전기포트에 물을 올려두고, 점퍼와 운동화를 꺼냈다. 오늘은 집안일이 아닌, 하고 싶은 일이 먼저였다.

7시 10분. 차의 온기가 가시기도 전에 집을 나섰다. 목적지는 집에서 도보로 5분 거리에 있는 강매산 둘레길. 아파트 후문으로 나가 건널목을 건너 인도를 따라 올라간다. 강매역이 보이는 철제 난간이 놓인 언덕길. 쭈욱 내려가면 시작되는 입구가 나타났다. 둘레길은 대부분 흙길이다. 곳곳에 돌계단과 나무 덱이 섞여 있다. 전날 내린 봄비로 길은 촉촉했고, 흙냄새가 은근하게 올라왔다. 나뭇잎은 아직 겨울 끝자락에 머물러 있었지만, 곳곳에서 새순이 올라오려는 게 보였다. 작은 새들이 구간구간에서 짧게 날아올랐다. 주머니에 손을 넣은 채 천천히 걸었다. 간간이 멈춰 숨을 고르며 하늘을 몇 번 올려다봤을 뿐. 돌아왔을 땐 몸이 가볍게 풀려 있었다. 그날 하루의 밀도는 전혀 달랐다.

우리는 대부분 해야 할 일에 쫓기며 산다. 학창 시절엔 성적, 성인이 되면 회사와 업무, 가정에선 돌봄과 책임을 '다해야 한다'는 명령문 속에서 하루하루를 흘러간다. 어쩌면 하고 싶은 일은 늘 뒷전이다. 단언컨대, 해야 할 일보다 하고 싶은 일을 선택할 수 있는 용기야말로 오늘날 가장 필요한 마음의 무기다. 해야 할 일에만 묶이면 결국 지칠 수밖에 없다. 아무리 좋은 일이더라도 마찬가지다. 타인의 기대나 사회적 책임에서 출발하면 어느 순간 무게로 변한다. 반대로, 하고 싶은 일은 내 마음을 가볍게 한다. 의욕이 생기고 활력이 돈다. 마음이 기쁘면 몸도 따라 웃는다. 하루 한순간이 살아 있는 찰나다.

"그 바쁜 와중에 왜 군이 봉사까지 해요?"

사람들은 종종 나에게 물었다. 봉사는 보람 이상이다. 삶의 의미와 가치를 확인해 준다. 주중에 강의와 상담으로 숨 돌릴 틈이 없었다. 그럼에도 주말이면 봉사활동을 나갔다. 기억에 남는 일화가 있다. 북한산 우이령길에서의 장애인 트레킹 봉사였다. 숲길등산지도사 자격증 취득 후 정기적으로 참여한다.

어느 가을 토요일 아침 9시, 봉사자들과 참여자들이 삼삼오오 모여 있었다. 팀원과 참가자가 배정되었다. 서로 인사를 했다. "오늘 즐겁게 보내봐요!" 1조, 2조, 3조…. 팀별로 휠체어를 밀며 길을 나섰다. 숲은 이른 아침의 습기를 머금고 있었고, 나뭇잎에는 아직 가을의 흔적이 남아 있었다. 참가자에게 말을 걸었지만, 그저 미소만 지을 뿐 말이 없었다. 중간 지점에서 휴식. 물과 간식을 건네자, 그가 입을 열었다. "평생 이 길은 잊었다고 생각했는데, 오늘 다시 만나네요." 미소 지었지만, 마음속 어딘가가 먹먹했다. "저도 이 순간이 선물 같아요." 가볍게 답했지만, 마음은 깊이 울렸다. 그 자리에 존재하는 이유가 명확해졌다. 이 봉사는 단순한 걷기가 아니었다. 서로의 삶을 지탱해 주는 시간이었다. 몸은 고단했지만, 마음은 오히려 맑아졌다. 피곤하지 않았다. 그저 치유였다.

한편, 봉사활동에 참여하는 동기들이 생각보다 적었다. 아니, 거의 전무했다. 대부분 시간이 없다며, 다음에 여유 있을 때 하겠다고 했다. 물론 이유는 이해한다. 나 역시 바쁘다. 주중엔 강의와 상담, 집필과 회의로 빽빽하다. 주말엔 쉬어야 몸이 버틸 정도다. 그럼에도 시간을 뚫고 봉사에 나서는 이유는 분명하다. 그 시간이야말로 내가 가장 숨 쉬는 시간, 살아 있음을 확인하는 시간이기 때문이다.

사람들은 종종 물었다.
"바쁜데 해금은 왜 배워요?", "기타는 시간이 남아도는 사람이나 하는 거죠."
내 취미를 두고 고개를 갸웃하는 이들이 있었다. 하지만 나에게 해금은 멈춤이자 쉼이었다. 하루의 긴장과 피로가 쌓일 때면 나는 해금을 꺼낸다. 조율핀을 돌릴 때마다 삐걱거리는 소리가 난다. 음이 잘 맞지 않을 때는 내 마음 같기도 하다. 현이 지나치게 팽팽하면 날카로운 소리를 내고, 힘이 빠지면 흐릿한 음이 흘러나온다. 활을 켜면 낮고 서툰 울림이 방 안에 퍼진다. 손끝으로 전해지는 미세한 떨림이 온몸에 스며든다. 거칠지만, 그 소리에는 묘한 힘이 있다. 한 음 한 음마다 내 호흡이 실리며 응어리진 감정이 풀려나간다. 활의 마찰은 가슴속 매듭을 긁어내듯, 잔잔하면서도 깊게 파고든다.
싱크대엔 설거지할 그릇이 쌓여 있고, 강의 준비도 덜 끝난 날. 해야 할 일이 있었지만, 해금을 켜는 그 시간만큼은 오롯이 나를 위한 시간이다. 무대도, 청중도 없다. 나 자신에게 집중하는 행위였고, 하루의 무게를 흘려보내는 나만의 의식이었다.
또 다른 날엔 서랍 속에서 하모니카를 꺼내 들었다. 입술에 닿는 금속의 차가움이 느껴졌다. 숨을 불어 넣자 단조로운 소리가 흘러나왔다. 화려한 곡조도 없고, 멋진 멜로디도 없었다. 그저 들숨과 날숨이 만들어 낸 단순한 울림이었다. 투박하고 짧은 소리였지만, 이상하게도 마음이 편안해졌다. 방 안에 흩어지는 소리를 들으며 내 호흡이 여전히 살아 있음을 확인했다. 그 사실 하나만으로도 충분했다.

사람들은 여전히 말한다. "그런다고 뭐가 달라져요?"

상관없다. 설명할 필요도, 설득할 이유도 없다. 그것은 어떤 결과를 위한 일이 아니다. 나의 숨을 위한 일이다. 숨이 이어지는 동안 나는 여전히 나답게 살아가고 있다는 것. 그 진실 하나만으로 충분하다.

어느 날은 아무 이유 없이 글을 썼다. 바쁜 하루를 마친 밤 10시, 조용한 방에 앉아 작은 탁상 조명을 켜고 노트북을 펼쳤다. 오늘 있었던 일을 적었다. "오늘은 전철을 놓쳤고, 점심은 늦게 먹었고, 저녁엔 김치찌개가 맛있었다." 특별한 소재도 멋진 문장도 아니었지만, 묘하게 후련했다. 하루 동안 미처 정리하지 못했던 감정이 문장 하나하나에 녹아들었다. 맞춤법도 퇴고도 신경 쓰지 않았다. 그저 마음 가는 대로 썼다.

가끔 그렇게 앉아 나를 풀어놓는 시간은 무척 귀하다. 글을 쓰는 순간만큼은 나로 존재할 수 있기 때문이다. 꼭 누군가에게 보여주지 않아도 괜찮다. 글쓰기는 나에게로 돌아오는 통로다. 그렇다. 누군가는 그림을 그리고, 누군가는 음악을 틀고, 또 어떤 이는 산책을 한다. 나에겐 글과 해금, 그리고 봉사가 있다. 그게 바로 내가 살아 있는 증거이자, 하고 싶은 일을 하는 방식이다.

오늘 하루를 무엇으로 채우고 싶은가. '해야 하니까'가 아니라, '하고 싶어서' 시작하는 일을 하나만 해보자. 집 앞 벤치에 앉아 바람을 느끼는 것, 단 10분이라도 휴대폰을 내려놓고 소리를 듣는 것, 혹은 메모장에 단 한 줄이라도 써보는 것. 하고 싶다면 핑계 대지 말고, 변명하지 말고 그냥 하는 거다. 그것만으로 충분하다. 소소한 것들이 하루를, 일 년을, 인생을 바꾼다. 매일 아침 나에게 묻는다.

"오늘 너는, 어떤 일을 하고 싶니?"

그 대답에 따라 하루를 시작한다. 인생은 결국 그런 선택의 총합이니까. 해야 할 일로 버틴 시간은 의미 있었다. 하고 싶은 일로 채운 시간은 단연코 내 삶을 빛나게 했다. 지금 이 순간, 내가 진짜 원하는 일은 무엇일까. 그 질문에 솔직히 답한다. 그것이 나를 다시 살아 숨 쉬게 할 테니까.

우리는 책을 읽으며 타인을 만나고, 글을 쓰며 자기 자신을 만난다.

우주힐러(이은정)

"책 한 권을 끝까지 읽은 게 언제였지?"

하루 종일 강의와 상담으로 정신없었다. 겨우 식사를 마친 후 소파에 몸을 던졌다. 무심코 리모컨을 들어 TV 채널을 돌렸다. 손가락은 움직였지만, 머릿속이 멍했다. 머리를 젖혔다가 한 바퀴 돌렸다. 반대로도 한 번 더 돌렸다. 책장이 눈에 들어왔다. 들쭉날쭉 꽂힌 책들과 볼펜. 자연스레 책장 앞으로 갔다. 먼지가 내려앉은 책들이 눈에 들어왔다. 읽고 싶어 구매했지만, 아직 읽지 못한 책들도 보인다. 여전히 스마트폰 메모장에 읽고 싶은 책의 목록을 기록한다. 한 장도 넘기지 않고 있는 책이 이렇게 많다니. 어리석게도 욕심을 부린 거다.

책을 좋아한다. 언제부터인가 '읽고 쓰는 사람'이라 자부했다. 정작 쓰는 사람은 아니었다. 자각했다. 죄책감과 동시에 묘한 슬픔이 올라왔다. 책은 '나의 분신'이라 늘상 말해왔다. 책은 내 삶의 중심이었다. 신문도 몇 년간 구독했다. 어느새 쌓이기만 했다. 책이 아니라 뉴스 헤드라인과 SNS 피드에 빠졌다. 읽고 쓰는 사람이라 자신만만했는데. 어느새 바쁘기만 한 사람이 되다니. 마음 한구석에서 묵직한 무언가가 밀려왔다. 스마트폰을 내려놓았다. 차분히 앉아 자문했다. '언제부터 나를 놓친 걸까?'

누구나 바쁘다. 바쁘다는 말 뒤에 진짜 놓치고 있는 게 있다. 마음의 방향과 연결성. 단언컨대, 읽고 쓰는 삶은 나를 지키는 무기다. 세상이 복잡할수록 생각은 얕아지고 마음은 바빠진다. 그럴수록 더 깊이 있게 읽고, 더 진심으로 써야 한다. 자기중심을 잃지 않고 살아가려면.

책은 나보다 먼저 경험한 이들이 남긴 흔적이다. 그들의 생각을 따라 읽다 보면, 한 발짝 물러나 나를 볼 수 있다. 나를 바라보는 시야가 달라진다. 쓰기는 그 시야를 나만의 방식으로 정리하는 일이다. 누군가는 독서를 타인의 인생을 훔쳐보는 일이라 말했다. 덧붙이면, 글쓰기는 나의 인생을 들여다보는 일이다.

강의를 들으러 온 수강생. 그녀는 구글 타이머를 구매했다. 점심시간을 줄여 글쓰기 시간을 확보하기 위함이었다. 막상 자리에 앉았는데 컴퓨터 자판으로 손이 가지 않는다고 했다. 설정한 타이머는 정확히 울렸다. 그녀의 손은 자판이 아닌 스마트폰에 가 있었다. 급히 답장해야 할 메시지에 답했다. 갑자기 생각난 냉장고 정리도 했다. 잠깐만 보겠다고 클릭한 유튜브 영상. 40분을 훌쩍 넘겼다. 그녀는 말끝을 흐리며 웃었다. "저, 글쓰기가 중요한 줄은 알겠는데요. 왜 이렇게 계속 미루는 걸까요?"

그녀의 질문은 많은 사람이 하는 진짜 고민이다. 중요한 줄 알면서도 자꾸 뒤로 밀린다. 시간이 없어서가 아니다. 우선순위로 삼지 않았기 때문이다. 마음은 알고 있지만, 몸이 따라주지 않는 상태. 그 간극은 작지만 뚜렷하다.

나 역시 그랬다. 어린 시절, 밤마다 책을 읽었다. 베개 밑에 손전등을 숨겼다. 이불 속에서 책장을 넘기던 기억이 아직도 생생하다. 여름밤에는 모기향 냄새를 맡으며 읽었다. 겨울밤엔 손이 시릴 정도로 차가운 종이를 넘기며 잠들었다. 어느새 내 독서는 논문과 서류, 업무 관련 문서로 대체되었다. 글쓰기는 회의록, 기획안, 이메일 작성으로만 남았다. 어느 순간 읽고 쓰는 사람이 아니라 처리하는 사람이 되었다. 단어는 많았지만, 내 것이 아니었다. 문장은 길었지만, 감정이 실리지 않았다.

너무 피로하고 무기력한 저녁. 하루 종일 사람들을 만나며 쏟아낸 말들, 처리해야 할 보고서, 끊임없는 일정. 진이 빠졌다. 시간이 필요했다. 무언가라 나를 되돌려줄 시간이. 책장 한편에서 헨리 데이비드 소로의 『월든』을 꺼냈다. 첫 페이지부터 한 줄 한 줄 읽어 내려갔다. 책 속의 숲을 걸었다. 마음이 숲길을 걷는 듯 정화됐다. 잔잔하고 단단한 문장들은 내 안의 정적과 조우했다. 오래된 감정을 하나씩 꺼내놓으며.

그날 이후 매일 아침 10분씩 글을 쓴다. 처음엔 단 한 문장도 제대로 써지지 않았다. 생각은 많은데 손이 멈췄다. 괜찮은 문장을 만들어 내야 한다는 부담이 있었다. 모니터만 멍하니 바라보기도 했다. 하루, 이틀, 한 문장이 쌓이고 다시 단락이 되었다. 어느새 나는 나를 써 내려갔다. 그랬다. 문장이 모인다는 건 단순한 기록이 아니다. 나의 내면이 쌓이는 일이었다.

읽고 쓰는 삶을 위한 나만의 실천 노하우 다섯 가지다.

첫째, 책갈피 대신 질문을 한다. 책을 읽을 때는 줄을 긋는 대신 한 장을 덮을 때마다 질문한다. '이 장에서 내게 남은 질문은 뭘까?'를 적는다. 책을 읽으며 '나는 정말 단순한 삶을 살고 있는가?'라는 질문이 떠올라 메모했다. 다음 날 습작의 소재가 되었다.

둘째, 하루 한 줄 쓴다. 시간은 정하지 않는다. 꼭 이 시간에 써야 한다는 부담이 없다. 떠오르는 순간 한 줄을 쓴다. 설거지하다 문득 '오늘은 왜 기분이 가라앉을까?'라는 생각이 떠올랐다. 스마트폰 메모장에 적는다. 그 한 줄이 나중에 더 긴 글로 이어졌다.

셋째, 책과 글을 감각으로 기억한다. 감각과 연결하면 읽고 쓰는 행위가 각인된다. 이를테면, 매번 같은 잉크 냄새가 나는 펜으로만 모닝 일기를 쓴다. 책을 읽을 땐 창가에 앉아 보이차 한잔을 곁들인다. 어떤 책은 홍차 향과 함께 기억되고, 어떤 글은 겨울 아침 손끝의 찬기를 통해 떠오른다. 오감과 연결된 글과 책은 정보가 아니라 경험으로 남는다.

넷째, 기억보다 메모를 생활화한다. 좋은 문장은 의외로 일상의 틈에서 불쑥 찾아온다. 마트에서 아이가 말했다. "엄마, 왜 어른들은 초콜릿 안 사?" 그러면 메모했다. '어른이 되면 무언가를 포기하게 되나?' 나중에 한 편의 글로 이어졌다. 문장이란 건, 대단한 사유에서 시작되지 않는다. 그저 지나치지 않는 마음, 붙잡아 두려는 태도에서 비롯된다.

다섯째, 내 글의 첫 독자는 나다. 글을 쓰고 나면 소리 내어 읽는다. 진심이 담겼는지를 확인하는 시간. 어떤 글은 공개하지 않고 나에게 보내는 편지로 남긴다. 글은 누군가에게 보이기 위한 것이 아니다. 나와 대화하는 방법이다.

매일 아침. 내 삶의 문장을 한 줄씩 써 내려간다. 어떤 날은 마음이 정돈되고, 어떤 날은 흩어진 감정이 다시 복기된다. 두서없는 생각을 적는 날도 있고, 읽은 책 한 구절에 내 생각을 덧붙이는 날도 있다. 중요한 건 글의 완성도가 아니다. 썼다는 사실, 그 행위 자체가 나를 살아 있게 만든다.

거창한 목표 대신, 오늘은 책 한 장만 읽자는 태도로 시작한다. 기분을 한 줄로 써본다. 장소는 중요하지 않다. 지하철 안, 커피숍 한자리, 아침을 준비하는 싱크대 앞에서도 괜찮다. 단 한 줄이 내 안의 무너진 마음을 다시 세워줄지도 모른다.

읽고 쓰는 삶은 더 이상 여유 있는 사람들의 사치가 아니다. 지금을 살아가는 우리 모두에게 필요한 마음의 재건 프로젝트다. 숨 가쁘게 달려온 하루를 통과할 수 있게 해주는 가장 단단한 방패. 그것이 바로 읽고 쓰는 삶이다. 요즘은 책도 중요하지만, 자기 자신을 다시 읽는 일이 더 절실하다. 물론, 읽지 않아도 살아가는 데 큰 불편은 없다. 쓰지 않아도 세상은 잘만 돌아간다. 하지만 버티는 하루의 끝에서 문득 찾아오는 공허함, '나는 지금 어디쯤 와 있는 걸까.' 하는 막막함. 결코, 우연이 아니다. 내가 진짜 원하는 건 더 많은 정보가 아니라 더 깊은 자기 연결감일지도 모른다. 읽고 쓰는 삶은 내 안의 목소리를 다시 듣게 해주었다. 하루 한 줄이라도 나를 위한 문장을 남겨보려 한다. 그 한 줄이 내 마음을 복원하고, 잃어버린 나와 다시 마주하게 해줄 테니까.

5
통제할 수 있는 단 하나는 내 마음

> 우리가 바람의 방향을 바꿀 수는 없지만, 돛의 방향은 조정할 수 있다.
>
> 지미 딘

3월 초, 날씨가 풀린다는 예보. 봄코트를 꺼내 입고 외출했다. 아침 기온은 영상이었고, 하늘은 맑았다. 보도블록 옆에 매화나무가 서 있다. 가지마다 여러 송이의 흰색 또는 연분홍색 꽃이 피어 있다. 거리에는 다수의 사람이 보인다. 편안해 보이는 표정이다. 그날 밤, 예고 없던 폭설이 내렸다. 회의 후 늦은 귀갓길, 얇은 옷차림으로 눈보라 속에 홀로 서 있었다. 도로는 마비됐고, 대중교통도 끊겼다. 한 시간 가까이 발을 동동 구르며 서 있었다. 결국, 발목까지 차오른 눈을 헤치며 집까지 걸어 들어왔다. 따뜻하게 보이차 한잔으로 몸을 녹였다. 내가 할 수 있는 건 뭐지? 날씨를 바꿀 수도 없고, 버스를 움직일 수도 없고…. 결국 내가 바꿀 수 있는 건 내 옷차림뿐이었구나.

늘 계획한다. 오늘 하루, 다음 주 일정, 5년 10년 후의 커리어까지. 미래를 위한 설계는 삶을 진지하게 대하는 방식이기도 하다. 문제는 그 계획이 현실이 되어야만 안심된다는 거다. 일정이 조금만 어긋나도 불안하고, 누군가의 반응이 예상과 다르면 당황한다. 삶의 변수들에 휘둘리기 시작하는 거다. 그럴수록 삶은 더욱 경직되고, 자신에게 엄격해진다. 마치 이래야만 한다는 단단한 틀 속에 나를 밀어 넣는 셈이다. 단언컨대, 삶은 통제의 대상이 아니라 변화에 대응하는 기술이다. 더 정교하게 계획을 세우고, 더 촘촘히 관리한다고 해서 삶의 질이 올라가는 건 아니다. 상황에 따라 유연하게 대응하고 흐름을 읽어야 삶과 조화를 이룰 수 있다. 계획은 방향을 제시할 뿐, 실제 행동은 변화하는 환경 속에서 이뤄진다.

모든 걸 예측하고 계획하려는 집착은 결국 스트레스에 노출된다. 스토아 철학자 에픽테토스가 말했다. "당신의 감정을 낭비하지 말라. 당신이 통제할 수 없는 일에 감정을 쓰지 말라." 시대를 넘어 여전히 유효한 말이다. 누구도 날씨를 바꿀 수 없다. 타인의 생각이나 감정도 조절할 수 없다. 마찬가지로 아이 성적, 배우자 말투, 도로 정체, 감염병 확산 등, 내 의지와는 무관하게 벌어지는 일이다. 하지만 사람들은 거기에 매달린다. '왜 그렇게 말했지?' '왜 이렇게 안 풀리지?' '이건 절대 이러면 안 되는데….' 그때마다 감정이 소모된다. 피로가 쌓이고, 예민해지기도 한다. 결국에는 자기혐오와 무력감으로 번진다. 반대로, 내가 정말로 통제할 수 있는 것이 있다는 걸 인식하는 거다. 삶이 훨씬 명확해진다. 결국, 나의 반응이 중요하다. 같은 상황 속에서 나라면 어떻게 받아들일 것인지, 어떤 태도로 반응할 것인지 선택할 수 있다. 선택권은 내 안에 있으니까.

2시간 전, 강의장으로 출발했다. 여유 있게 도착할 요량이었다. 차 한 잔 마시고 준비한 원고를 정리할 계획. 내비게이션에 주소를 입력했다. 고속도로를 벗어나는 지름길을 안내했다. '더 빨라 보이는데.' 시계를 흘끗 보며 망설임 없이 핸들을 돌렸다. 뭐지? 길이 좁다. 중장비들이 어렴풋이 보였다. 공사 표지판이 길을 막고 있었다. 굵은 빨간색으로 진입 금지라는 표지판이 선명하게 깜빡였다. 본능적으로 브레이크를 밟았다. 앞으로 나아갈 길이 없었다. 쉽게 방향을 바꿀 수도 없었다. 뒤편 도로는 이제 일방통행이었다. 네온 조끼를 입은 건설 노동자가 퉁명스럽게 손짓했다.

"고속도로로 돌아가세요!"

돌아서 나오는 길마저 한 방향 통제로 꽉 막혔다. 고속도로로 다시 진입했다. 차는 거의 기어가듯 밀렸다. 내비게이션을 다시 한 번 봤다. 도착 예정 시각은 점점 늦춰졌다. 심장이 쿵쿵 뛰었다. 예전 같았으면 운전대를 치거나 거친 말을 하며 손끝에 진땀이 났을 거다. 정신 차렸다. 욕설 대신 손을 뻗어 라디오 버튼을 돌렸다. 교통정보가 아닌 잔잔한 클래식 채널로. 볼륨을 살짝 높였다. 숨을 몇 차례 깊게 내쉬며 마음을 다스렸다. 지금의 혼돈이 공기처럼 스쳐 지나가도록 내버려두면서.

　강의장에 도착했다. 재빨리 주차하고 노트북을 챙겨 안으로 들어갔다. 벽에 걸린 시계를 보니 예정보다 10분이나 늦었다. 당황하지도, 사과하지도 않았다. 기다리고 있던 청중들에게 미소 지으며 말했다. "오늘 교통 체증 덕분에 제 이야기가 평소보다 조금 더 부드러워졌습니다." 평소보다 말이 느리고 차분했다. 강물처럼. 놀랍게도 기분이 더 좋았다. 서두르지 않았다. 서서히 식어가는 차 한잔처럼 따뜻했다.

　"넌 또 이용만 당할 거야." "맨날 사기당하잖아." 처음엔 염려가 고마웠다. 어느 순간부터 족쇄가 되었다. 결정 앞에서 자주 머뭇거렸다. 결국, 아무것도 하지 못한 채 지나갔던 기회들이 쌓여갔다. 남편은 조심하라, 아무도 믿지 말라 했지만, 그 조심이 나를 더 움츠리게 만든 거다. 어느 날, 중요한 선택을 앞두고 결심했다. '뭐 어때. 내가 직접 증명해 보이자!' 완벽하지 않았다. 몇 차례 손해도 더러 있었다. 기대보다 덜한 보람도 있었고. 하지만 후회하지 않았다. 내가 결정하고 내가 선택했기에. 모든 경험은 이전보다 더 단단한 기준이 되어주었다. 누군가를 원망하지 않는다. 스스로 책임지는 경험은 나를 바꿔놓았음이 분명했다. 남편은 여전히 우려의 말을 한다. 나는 더 이상 휘둘리지 않는다. 불신이 아니다. 서로 다른 방식의 삶의 태도일 뿐이니까.

　관점을 바꾸는 나만의 실천법이다.

첫째, '왜 하필 나야?'를 '내가 하니까 다행이야.'로 바꾸었다. 누군가의 감정을 받아내야 할 때나 생각지도 못한 책임이 생겼을 때 억울했다. 그럴 때, 나니까 이 정도로 마무리할 수 있었지, 생각하기로 했다. 억울함이 사명감으로 바뀌었다. 지치는 대신 힘이 났다.

둘째, 계획이 틀어졌을 땐, 지금 상황의 의미를 먼저 묻는다. 예상치 못한 일정 변경이나 약속 취소가 생겼을 때 '왜 나한테 이런 일이 생겨?' 대신 '지금 이 시간을 어떻게 쓸 수 있을까?'로 바꿨다. 통제할 수 없는 변수에서 의미를 찾는 연습이다. 내면에 탄력이 생겼다.

셋째, 매 순간 피해자가 아닌 관찰자의 시선으로 본다. 일이 잘못되거나 누군가에게 서운할 때가 있다. 감정에 빠져들기보다 한 발 물러나 호기심 어린 관찰자 시점으로 본다. 마치 제3자가 된 것처럼 보는 거다. 감정이 정리되고 해석의 폭이 넓어진다.

넷째, '해야 한다.' 대신 '할 수 있다.' 선언한다. '오늘도 글 써야 해.'보다는 '오늘은 한 꼭지를 마무리할 수 있겠어.'라는 표현으로 바꾸는 거다. 스트레스가 줄어들었다. 생각의 프레임이 바뀐 거다.

다섯째, 잠자기 전, '오늘 내가 반응한 방식은 어땠나?' 묻는다. 오늘 경험한 상황이 아닌 반응을 돌아보는 거다. 어떤 선택이 나를 편안하게 했는지, 무엇이 내 감정을 어지럽혔는지. 다음 날을 조금 더 현명하게 맞이할 수 있다.

무엇이든 내가 다 통제해야만 안심되던 나였다. 이런 상황에서 어떻게 반응할 수 있을까를 먼저 물었다. 변화는 거창하지 않았다. 눈 내리는 날 어떤 옷을 입을지, 길이 막히면 음악을 트는 것, 누군가의 기대에 맞추기보다는 나의 감정을 솔직하게 말하는 것. 모든 걸 통제할 수 없는 세상에서 내가 할 수 있는 최소이자 최대의 선택이었다.

지금을 사는 사람들은 수많은 변수 속에서 살아간다. 모든 불확실함이 오히려 내 마음의 중심을 확인하는 기회가 되기도 한다. 삶은 내 계획대로 흘러가지 않는다. 그저 내가 선택할 뿐이다. 받아들이는 태도, 반응하는 방식, 그리고 다시 일어서는 힘. 내가 완전히 통제할 수 있는 단 하나는 내 마음이다. 그것이면 충분하다.

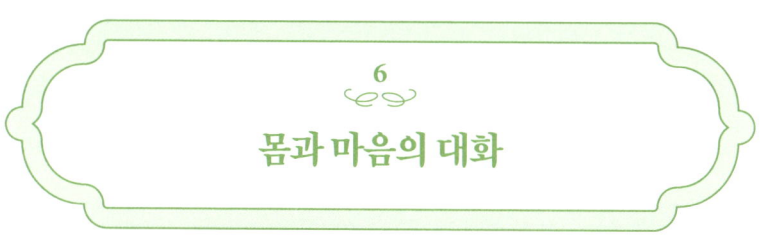

몸과 마음의 대화

몸과 마음은 끊임없이 서로에게 편지를 보낸다. 문제는 우리가 그것을 읽을 줄 모른다는 것이다.

틱낫한

언제부터였을까. 머리는 멀쩡한데 몸이 계속 '아프다' 말하기 시작한 게. 어느 날 아침, 눈을 뜨자마자 어지러웠다. 침대에서 일어나려다 그대로 다시 누웠다. 머릿속이 빙글빙글 돌았고, 손끝이 저릿했다. 속이 울렁거려 한참을 멍하니 누워 있어야 했다. 겨우 몸을 일으켜 샤워하고 강의 준비를 했다. 겉보기엔 아무렇지 않은 하루의 시작이었지만, 내 안에서는 작은 균열이 생겨나고 있었다.

강의장에 들어서자, 조명이 유난히 눈부셨다. 칠판 글씨가 흐릿했고, 목소리는 자꾸 떨렸다. 말끝마다 호흡이 끊겼다. 평소 같으면 거뜬히 소화했을 강의였지만, 그날은 숨이 짧아지고 말끝마다 끊겼다. 2시간이 몇 배로 길게 느껴졌다. 강의가 끝나고 건물 계단을 오르는데 숨이 턱 막혔고, 다리에 힘이 풀렸다. 주차장까지 어떻게 도착했는지 모르겠다. 운전석에 털썩 주저앉았다. 식은땀이 뺨을 타고 흘렀다. 가늘고 깊게 호흡했다. 내 몸의 신호다. 분명 오랫동안 신호를 보냈는지 모른다. 바빠서, 이 정도는 참을 수 있다며 계속 외면하고 있었던 거다.

우리는 바쁘다는 이유로 몸과 마음의 언어를 무시하며 산다. 리더의 자리에 있거나 책임이 큰 사람일수록 "이 정도는 견뎌야지." 하고 감정을 억누른다. 하지만, 몸은 절대 속지 않았다. 작은 두통, 잦은 불면, 알 수 없는 무기력…. 이것들은 대수롭지 않은 증상이 아니었다. 몸과 마음이 보내는 작은 경고음이었다. 마음이 고장 나기 시작했다는 빨간불.

몸은 언제나 말을 건넸다. "잠시 쉬어야 해." "너무 벅차다." "멈춰 달라." 하지만 그 신호를 사치로 치부하고 더 밀어붙였다. 결국, 무시당한 몸은 언젠가 큰 고통으로 항의한다. 쓰러진 뒤에야 비로소 알아차렸다. 이미 대화는 시작되었음을.

오전 수업 두 타임을 연이어 마쳤다. 학생 코칭까지 끝낸 시각은 오후 3시 반. 계단을 내려오면서부터 눈앞이 흐릿했다. 가슴에 묵직한 돌덩이 하나가 얹힌 느낌이었다. 아무 말 없이 연구실 의자에 앉았다. 갑자기 이유 없는 눈물이 터졌다. 특별히 슬픈 일이 있었던 것도 아니다. 누가 나를 다그치거나 혼낸 일도 없었다. 그저 '몸이 버티질 못한다'는 신호가 파도처럼 밀려왔다.

  그날 밤 작은 노트를 폈다. 지난 며칠을 되짚어 보았다. 매일 이어진 두통. 네 시간 남짓한 수면. 끼니를 거른 날들. 낮엔 연이은 강의와 미팅, 밤에는 글쓰기와 자료 준비. 한순간도 제대로 쉬지 않았다. 눈물은 이유 없는 감정의 파도가 아니었다. 무시당한 몸이 보내는 원초적인 대화였다. 몸은 언제나 말을 건네고 있던 거다.

  작은 실천을 시작했다. 몸과 마음의 언어를 인식하기 위한 작은 습관들이었다.

  첫째, 심장 박동을 기록했다. 아침에 눈을 뜨면 맥박을 재어보았다. 맥박 수가 유독 빠르면 마음이 불안정하다는 신호다. 하루의 기분을 미리 읽을 수 있었다.

  둘째, 감정과 두통을 연결했다. 두통 온 날의 감정 상태를 기록했다. 짜증, 긴장, 불안. 기록이 쌓이자, 몸과 감정의 패턴이 보였다.

  셋째, 바디 스캔 명상을 했다. 하루를 시작하기 전 5분, 바닥에 누워 발끝부터 머리까지 몸의 감각을 확인했다. 작은 통증도 무시하지 않게 되었다.

  넷째, 감정에 이름을 붙였다. 막연한 불편함을 '짜증', '슬픔', '긴장'처럼 단어로 구체화하면 마음이 객관적으로 보였다.

  다섯째, 매일 걸었다. 무기력할수록 의도적으로 걸으며 의식적으로 호흡과 연결했다. 짧은 10분 산책이라도 숨과 발걸음을 연결하니 마음이 훨씬 가벼워졌다.

한때는 건강을 지킨다며 무리한 생활을 했다. 새벽마다 산에 오르고, 하루 한 끼만 먹는 극단적인 식습관을 이어갔다. 처음에는 몸이 가벼워지고 에너지가 도는 듯했다. 시간이 지나자, 기력이 바닥나고 마음마저 쉽게 무너졌다. 이른 아침 오른 북한산, 중턱에서 다리에 쥐가 났다. 숨이 가빠졌다. 어지러움도 몰려와 바위에 주저앉았다. 더는 한 걸음도 옮길 수 없었다. 체력 저하가 문제였다. 그보다 더 심각했던 건 마음의 에너지가 완전히 고갈되었다는 사실이다. 몸을 위한다는 핑계로 오히려 나를 해치고 있었다. 식욕이 사라졌고, 쉽게 분노하거나 울컥하는 일이 잦았다. 산행 후유증이었다.

회복을 위해 다시 루틴을 바꿨다. 새벽 산행 대신 산책으로 대체했다. 동네 산책길을 걸으며 호흡과 걸음에 집중했다. 극단적 단식 대신 두 끼의 식사를 선택했다. 시간에 쫓기지 않고 20분 이상 식사에 집중했다. 감정을 점수로 기록했다. 오전/오후/저녁마다 간단한 감정 점수(1~5)를 매겨 마음의 흐름을 관찰했다. 명상 후엔 성찰 일기를 썼다. '지금 몸은 어떤가?' '숨은 어디까지 들고나는가?' 등을 기록했다. 일주일에 하루는 아무것도 하지 않는 날을 허락했다. 그제야 몸과 마음이 다시 숨을 고르기 시작했다.

체크리스트를 만들어 매일 점검했다. 짧지만 강력한 질문들이다. 몸과 마음의 신호를 읽는 것은 큰 결심이 아니다. 이런 작은 확인에서 시작된다.

- 오늘 아침 눈 떴을 때 몸이 가벼웠는가?
- 오늘 하루 밥을 천천히, 제대로 먹었는가?
- 오늘 내가 느낀 감정은 무엇이었는가?
- 오늘 단 한 번이라도 멈춤의 시간을 가졌는가?
- 오늘 나를 위해 아무것도 하지 않는 시간을 허락했는가?

몸과 마음을 잘 다스리는 사람은 결코, 무리하지 않는다. 밀어붙이지도 않고, 무심히 방치하지도 않는다. 중용의 지혜를 아는 자가 고수다. 그들은 작은 신호에도 귀를 기울이며, 삶의 중심을 자연스럽게 조율한다. 진짜 강함은 끝까지 버티는 것이 아니다. 무너지지 않도록 조율한다. 그것이 오히려 오래도록 단단하고 아름답게 살아가는 길이다.

오늘 나는, 나에게 묻는다.

"지금 괜찮니?"

변화의 시대를 무사히 통과하려면 몸의 미세한 떨림에도, 마음의 작은 파동에도 귀 기울여야 한다. 세상의 속도에 휘둘리지 않고, 자신을 지키면서 타인을 품을 때 힘과 여유가 생긴다. 살아남는 것이 아니라 제 삶을 살아내는 것. 견디는 것이 아니라 나 자신을 피워내는 것. 추구해야 할 삶의 방향이다. 진짜 변화는 작은 감각의 회복에서 시작되기에.

몸과 마음은 언제나 말하고 있다. 그 목소리에 귀 기울일 때, 비로소 자기 자신과 깊이 연결된다. 더 지혜롭게 세상을 품어낼 수 있다.

7
오늘, 내가 만들어 가는 삶

우리 각자는 자기 길을 가야 한다. 누구도 대신 걸어줄 수는 없다.

헤르만 헤세

"삶의 의미는 어디에 있을까?"

시대와 문화를 막론하고, 인간이라면 누구나 한 번쯤 던지는 질문이다. 나 역시 예외는 아니었다. 사회적 지위, 안정된 직장, 타인의 인정. 오랫동안 이것들을 삶의 정답이라 여겼다. 명함에 적힌 직함, SNS의 긍정적인 피드백, 끊임없는 평가. 삶의 성취를 측정하는 지표인 줄 알았다. 성취가 쌓일수록 마음 한구석은 텅 비어 있었다. 그 허전함은 낯선 도시의 오래된 서점에서 우연히 마주한 한 문장이었다. "행복과 삶의 의미는 어딘가에 있는 걸 찾는 게 아니라, 스스로 만들어 가는 거예요." 돌아오는 길 내내 그 말을 곱씹었다. 늘 어디엔가 답이 있을 거라 믿었지만, 사실은 내가 만들어야 하는 것이었다.

많은 이들이 좋은 삶, 의미 있는 순간이 '어디엔가' 존재한다고 믿는다. 이미 완성된 퍼즐 조각을 찾아내기만 하면 되는 것처럼. 하지만 삶은 그렇게 주어지지 않는다. 의미 있는 삶은 매일의 선택과 꾸준한 실천이 만들어 낸다. 기다리면 손해다. 삶은 내가 손을 뻗고, 다듬고, 조율할 때 비로소 살아난다. 헤르만 헤세는 말했다. "길은 존재하는 것이 아니라, 걸으면서 만들어진다." 우리 삶도 마찬가지다. 누군가가 대신 깔아 주는 길은 없다. 내가 내딛는 발걸음이 곧 길이 된다.

행복도, 좋은 관계도, 나다움도 저절로 오지 않는다. 움직이지 않으면 삶의 주도권은 점점 외부로 넘어간다. 세상의 흐름과 타인의 평가에 휘둘리게 된다. 반대로, 작더라도 내가 한 걸음 내딛는 순간 삶은 달라진다. 링컨의 말처럼, "미래를 예측하는 가장 좋은 방법은 스스로 그것을 창조하는 것이다." 삶도 마찬가지다. 기다리지 말자. 지금 내가 선택하는 작은 행동 하나가 곧 내 삶의 형태를 결정한다.

매일 아침, 보이차를 우려 마신다. 처음엔 누군가가 추천해 준 브랜드를 따랐다. '이게 최고야.' '그 브랜드는 다 좋아.' 타인의 기준으로 차를 골라 마셨다. 어딘가 아쉬웠다. 단맛이 부족하거나, 향이 너무 강하거나. 정말 내 입맛에 맞는 차는 어떤 맛일까. 추천이 아니라 내 경험으로 찾고 싶어졌다. 그날부터 보이차를 직접 골랐다. 매장 진열대 앞에서 포장지를 뒤적이며, 발효 정도와 생산 연도를 확인했다. 무엇을 기준으로 골라야 할지 몰라 당황하기도 했다. 비교하고 실험하며 나름의 기준을 세워갔다.

　차를 우리는 과정도 신경 썼다. 물 온도를 90도로 맞춰볼 때와 95도로 끓였을 때의 차이를 기록했다. 차를 우리는 시간도 10초, 30초, 1분 단위로 달리했다. 짧게 우렸을 때는 맑고 부드러운 맛이 났다. 오래 우렸을 때는 혀끝을 알싸하게 자극하는 떫은맛이 강했다. 하루는 산미가 도드라져 얼굴을 찌푸렸다. 다른 날은 너무 밍밍해 아무런 인상도 남지 않았다. 같은 차라도 날씨와 컨디션에 따라 맛이 달라진다는 걸 체감했다.

　향 역시 다양했다. 흙 내음처럼 묵직한 향, 꽃 향처럼 가벼운 향, 깊게 깔리는 나무 향…. 그 차이를 기록하며 내 몸이 먼저 반응하는 차를 찾아갔다. 습한 여름날에는 가벼운 꽃 향이 나는 차가 어울렸다. 쌀쌀한 가을 저녁에는 깊고 진한 맛이 위로되었다. 농도와 여운까지 조절했다. 짙은 농도에서는 혀 밑까지 퍼지는 무게감이 있었다. 연하게 우릴 때는 목을 넘어가며 남기는 은은한 단맛이 느껴졌다. 어떤 차가 좋은지 단정 짓기 어려웠다. 기준이 없었기 때문이다. 다양한 경험을 쌓다 보니 몸이 먼저 반응하는 차가 있었다. 목을 넘어가는 순간 긴장이 풀리고, 복부가 따뜻해지며, 어깨 근육이 살짝 이완되는 그런 느낌. 마음으로 좋다고 느끼기 전에 몸이 먼저 알아챘다.

　마침내 나에게 맞는 보이차를 찾았다. 더는 누군가의 추천에만 기대지 않는다. 온도, 시간, 농도, 향, 바디감까지 세밀하게 조율하며 찾아낸 거다. 오롯이 내 취향을. 타인의 권유로 얻어진 맛이 아니었다. 시행착오 끝에 나만의 감각으로 빚어냈다. 보이차 한잔은 나만의 실험과 기록이며, 실패와 발견의 결과다. 하루를 여는 첫 모금이 확신에 찬 만족으로 바뀌었다. 좋은 취향은 남이 알려주는 게 아니라 스스로 발견하는 것임을 알았다. 비로소, 타인의 기준이 아닌 나만의 기준을 갖게 되었다.

관계도 마찬가지다. 예전엔 '딱 맞는 사람'을 어디선가 만나게 될 거라 믿었다. 특별한 끌림이나 대화가 척척 통하고 취향도 비슷한 그런 사람. 낯선 모임에 나가선 기다렸다. 다가가지 못하고 사람들을 관찰했다. 우연한 만남만으론 깊은 관계로 이어지지 않았다. 한두 번의 만남으로는 결코 신뢰가 쌓이지 않았으리라.

지금 내 옆에 있는 지인들을 떠올리면, 오랜 시간 함께 겪어내며 다져온 존재들이다. 처음부터 마음이 잘 통했던 것도 아니다. 긴 세월 동안 오해를 겪은 적도 여러 번 있었다. 어떤 친구와는 여행지에서 사소한 갈등으로 입을 다물고 하루를 보낸 적도 있다. 어떤 친구와는 오랜 시간 연락이 끊긴 끝에 다시 용기 내어 대화를 시작하며 관계를 이어갔다. 실망도, 오해도 있었지만, 그 모든 시간이 관계를 단단하게 만들었다. 말없이 옆에 있는 것만으로도 불편하지 않은 그런 존재들. 그렇게 서로를 만들며 관계가 다져졌다. 딱 맞는 친구를 기다리던 시절엔 몰랐다. 좋은 친구란 처음부터 딱 맞는 존재가 아니라, 함께 만들어 가는 존재인 것을. 삶도, 취향도, 관계도 모두 찾는 것이 아니라 '만드는 것'이었다.

삶은 기다림 속에서 완성되지 않는다. 누군가가 가져다주기를, 운이 우연히 내 앞에 떨어지기를, 혹은 언젠가 좋은 날이 오기를 바라며 멈춰 서 있는 동안 시간은 흘러간다. 완벽한 때를 기다리면 평생 시작할 수 없다. 삶은 누가 만들어 주지 않으니까. 내가 조금씩 빚어내는 거니까. 지금 내가 하는 작은 행동이, 결국 내 삶의 방향을 정한다.

사람들은 종종 '언젠가'라는 말을 핑계 삼아 미룬다. 언젠가 글을 쓰고 싶다. 언젠가 배우고 싶다. 언젠가 관계를 회복하고 싶다. 하지만 '언젠가'는 달력 어디에도 없다. 존재하는 것은 오늘 하루뿐이다. 오늘 내가 내딛는 한 걸음이 내일의 자리를 만든다. 내일의 나를 기다리기보다, 지금의 내가 시작해야 한다.

삶을 만들어 간다는 것은 완벽을 추구하는 것이 아니다. 오히려 서툰 시도, 반복되는 실패, 때로는 방향을 잃는 순간까지도 과정의 일부다. 중요한 건 그 과정을 멈추지 않는 거다. 길은 걸어가야 비로소 생겨나고, 의미는 만들어 가야 비로소 살아난다. 행복 또한 오늘 내가 선택한 작은 실천에서 싹튼다. 만들어 가는 삶을 위해 내가 할 수 있는 작은 실천법은 이렇다.

첫째, 매일 아침, 나를 웃게 할 작은 일을 하나 정한다.
둘째, 새로운 취미나 활동을 시도하고, 짧게라도 기록한다.
셋째, 하루 10분, 가장 좋아하는 공간에서 나만의 시간을 갖는다.
넷째, 누군가에게 작은 인사나 안부를 건넨다.
다섯째, 저녁 루틴을 정하고 꾸준히 실천한다.

이런 작고 평범한 순간들이 쌓여 나만의 삶의 결을 만든다. 의미 있는 삶은 멀리 있지 않다. 매일의 습관과 반복되는 일상에서 조금씩 길어 올려진다.

타인의 기준에 묶이지 않고, 세상의 흐름에 떠밀리지 않고, 내가 원하는 삶의 결을 직접 빚어 가고 있는가? 아니면 여전히 '언젠가'를 기다리며 멈춰 서 있는가?

삶은 내 몫이다. 그 누구도 대신 걸어줄 수 없다. 나만이 내 발로 내 길을 걸어갈 수 있다. 때로는 더디고, 때로는 방향을 잃기도 하지만, 멈추지 않는 한 길은 계속된다. 오늘의 작은 선택이 모여 내일의 내가 된다. 삶은 주어지는 게 아니다. 궁극엔 내가 빚어내는 작품이다. 오늘도 나에게 묻는다.

"나는 지금 어떤 삶을 만들어 가고 있는가?"

'질문'을 친구처럼

살아가는 모든 것은 질문을 안고 있다. 중요한 것은 답이 아니라, 질문과 더불어 살아가는 것이다.

라이너 마리아 릴케, 『젊은 시인에게 보내는 편지』 중에서

"나는 정말 괜찮은 걸까?"

2024년 겨울밤, 내 안을 파고들었다. 예상치 못했다. 일과를 마치고 소파에 앉아 무심히 리모컨을 눌렀다. TV 소리는 흘러나왔지만, 하나도 귀에 들어오지 않았다. 마음 한구석이 텅 빈 듯 공허했다. 겉으로는 문제없었다. 주변에서는 날 두고 잘 나간다고 했다. 강의를 들은 이들은 감동을 표현했고, 사람들은 응원과 칭찬을 아끼지 않았다. 그날따라, 모든 말이 왠지 멀게만 느껴졌다. 껍데기만 남아 있는 듯했다. 남들이 뭐라 해도, 내 안이 비어 있다면 그것은 만족이 아니었다.

매일 나에게 물었다. 안부를 묻는다기보다 지금 어떤 상태인지 질문

했다. 방향을 잃지 않게 해주는 나침반이자, 곁에 두고 함께 걸어갈 수 있는 친구였다. 릴케는 이렇게 말했다. "답을 찾으려 애쓰기보다, 좋은 질문 하나를 품고 사는 게 더 중요하다." 삶은 완벽한 해답이 아니라, 더 나은 질문을 끌어안는 과정이었다.

바쁜 일상은 감각을 무디게 한다. 지하철 안, 무표정한 얼굴로 창밖을 바라보다가 문득 스쳤다. '왜 이렇게 피곤하지?' 하지만 대답은 없다. 그저 하루를 밀어붙일 뿐이다. 작은 무시는 사소해 보이지만, 매일 반복되면 결국 자신을 잃는다. 나 역시 그랬다. 강의, 상담, 프로젝트로 꽉 찬 일정들. 언제부턴가 내가 왜 이 일을 시작했는지조차 잊고 있었다. 의욕은 사라지고, 피로만 남았다. '나는 괜찮은가?'라는 질문을 놓친 대가였다.

오랜 감기로 고생하던 어느 날, 병원에 가기 위해 이른 아침 버스에 올랐다. 창밖엔 겨울 끝자락의 탁한 회색빛 하늘이 펼쳐져 있었다. 아무런 일이 없는데도, 이유 없이 마음이 가라앉았다. 몸은 무겁고, 정신은 희미했다. 단순한 감기가 아니었다. 일상의 흐름에 휩쓸리며 내 안의 신호를 무시해 온 결과였다. 일과 관계, 그리고 나 자신과의 연결이 모두 느슨해지고 있었다. 그때 깨달았다. 누군가와의 대화에서 상대를 인정하고 배려하는 일, 그것은 예의가 아니라 나를 회복시키는 힘이 된다는 사실을.

오랜만에 카페에서 친구를 만났다. 친구는 얼음이 가득 담긴 아이스

아메리카노를 시원하게 한 모금 들이켰다. 그러곤 들뜬 얼굴로 말을 꺼냈다. "우리 아들이 글쎄, 밤늦게 들어오더니 갑자기 책상 위에 초콜릿이랑 편지를 올려놓은 거야. 요즘 시험 준비하느라 예민하길래, 내가 걔한테 한소리 좀 하려고 부엌에 나갔었거든? 근데 그걸 딱 본 거지. 너무 당황스럽더라니까."

화내려던 친구 마음이 순식간에 스르르 풀린 모양이었다. 친구는 화가 났다는 얘길 하면서도, 실은 그 선물이 정말 고마워 자랑하고 싶은 눈치였다. 나는 웃으며 말했다. "와, 너네 아들 진짜 멋지다. 감동이다."
"에이, 멋지긴. 맨날 핸드폰 붙들고 늦잠이나 자는 애야."

투덜대는 말과 달리 입꼬리는 귀에 닿을 듯 올라가 있었다. 나는 앞에 놓인 녹차 파르페를 한 모금 떠먹었다. 평일 오후인데도 카페 안은 제법 붐볐다. 사람들의 대화 소리, 친구의 웃음소리가 뒤섞여 울렸다. 이상하게도 내 귀에는 웅웅거릴 뿐이었다.

얼마 전에는 오래 알고 지낸 후배와 갈등이 있었다. 내가 무심코 던진 말 한마디가 마음을 다치게 한 걸 뒤늦게 알았다. 며칠 동안 연락이 없었다. 예전 같았으면 "그럴 수도 있지." 하고 그냥 넘겼을 상황이었다. 이번엔 달랐다. 나 역시 마음이 불편했고, 관계를 잃고 싶지 않았다. 고민 끝에 먼저 전화를 걸었다. "그날, 기분이 어땠는지 말해줄래?" 머뭇거리던 후배는 조심스레 속마음을 꺼냈다. 나도 내 진심을 전했다. 대화는 길지 않았지만, 서로의 마음은 한층 가까워졌다. 그 일을 계기로 연락은 더 잦아졌고, 감정 표현도 한결 솔직해졌다. 관계의 본질에 대해 다시 생각했다. 내게 진짜 편안한 친구는 누구일까? 오래 곁을 지켜준 이들이 떠올랐다. 오해로 멀어졌다가 다시 이어진 친구, 상처를 나누며 천천히 가까워진 사람들, 어색했지만 대화를 꾸준히 이어온 사람들. 칼릴 지브란은 말했다. "진정한 친구란, 늘 곁에 있어주는 사람이 아니라, 내 마음을 잊지 않고 기다려 주는 사람이다." 그 말처럼, 관계는 찾는 게 아니라 함께 쌓아가는 것이다.

우리에게 필요한 건 대단한 성취가 아니다. 진짜 중요한 건 하루에 단 한 번, 아주 짧게라도 나에게 묻는 것이다. "나는 안녕한가?" 이 질문은 삶이 어긋나기 전에 방향을 되돌리는 나침반이 된다. 하지만 바쁜 일상에서 몸과 마음의 신호를 무심히 지나친다. 잠시 1분만 멈춰 내 상태를 살피면, 불필요한 후회와 소모를 미리 막을 수 있다.

소소하지만 꾸준히 실천하는 나만의 방법이다.

첫째, 아침 10초 자문. 눈을 뜨는 순간, 이불 속에서 내 몸과 마음의 상태를 느껴본다. 오늘은 몸이 가뿐한가, 무거운가? 기대되는가, 막막한가? 따뜻한가, 혹은 불편한가? 단 10초면 하루의 결이 달라진다.

둘째, 하루 1분 호흡. 일과 중 잠시 눈을 감고 호흡에 집중한다. 내 안에서 들려오는 감정을 확인해 보는 시간이다. 괜찮다는 감각인지, 어딘가 어긋나 있다는 신호인지. 1분의 고요는 나를 다시 내 중심으로 데려온다.

셋째, 주 1회 돌아보기. 일요일 밤이나 주말 아침, 일주일의 나를 되짚는다. 웃었던 순간, 무기력했던 순간, 그 이유까지 짧게 기록한다. 그저 몇 줄 적는 것만으로도, 마음은 한결 가벼워진다.

틱낫한은 이렇게 말했다. "삶의 가장 큰 용기는, 한순간 멈춰 서서 내 안의 목소리를 듣는 것이다." 그렇다. 멈춤은 도망이 아니라 가장 용기 있는 선택이었다. 루틴이 습관이 되면, 삶은 조금씩 단단해진다. 매일 자신에게 묻는 태도는 나를 지키는 기술이 된다. 지나치게 외면하지도 않고, 과하게 반응하지도 않으면서 삶의 적정 온도를 유지할 수 있다. 중요한 건 완벽한 균형이 아니다. 균형을 향해 가는 마음과 실천이다. 단 하루 1분의 멈춤이 쌓여, 궁극엔 나답게 살아가는 힘이 된다.

하루에도 수없이 흔들린다. 몸은 쉽게 지치고, 뜻밖의 말에 마음이 다치며, 이유 모를 불안에 잠 못 이루기도 한다. 그럴 때 무심코 반응하거나 애써 외면하면, 삶은 조금씩 균형을 잃는다. 그러나 단 1분이라도 조용히 멈춰 서서 내 안의 목소리에 귀 기울인다면, 그 순간이 곧 회복의 시작이 된다.

진짜 단단한 사람은 흔들리지 않는 사람이 아니라, 흔들릴 때마다 다시 중심으로 돌아올 줄 아는 사람이다. 기분이 나쁘면 잠시 물러서고, 마음이 들뜨면 스스로를 가라앉힌다. 반응보다 관찰이 먼저고, 충동보다 이해가 앞설 때 삶의 중심을 지킬 수 있다. 그 중심을 붙잡아 주는 건, 매일 반복되는 단 하나의 질문이다.

"오늘, 나는 안녕한가?"

이 물음을 곁에 두면, 세상의 소음보다 내 안의 목소리가 조금 더 가까이 들려온다. 감정이 폭주하기 전에 나를 붙들고, 몸이 지치기 전에 한 템포 쉬어가게 하며, 관계가 멀어지기 전에 돌아보게 한다. 나를 살피는 가장 확실한 자기 보호다. 작은 질문 하나가 내일의 나를 지탱하는 힘이자, 어둠 속에서 길을 밝혀주는 등불이 된다.

나를 가장 가까이에서 안내해 주는 목소리

삶을 바꾸는 건 거창한 선언이 아니었습니다.

오히려 아주 조용한 신호 하나, 가슴속에서 올라오는 미세한 감정 하나였습니다.

몸이 보내는 경고, 마음이 속삭이는 불편함, 가볍게 흘려보내던 그 소리들이 사실은 나를 살리기 위한 사랑의 메시지였다는 걸 이제는 압니다.

더 이상 무시하지 않기로 했습니다.

"이 정도는 괜찮겠지."라는 말로 덮지 않고, 작은 피로에도, 사소한 슬픔에도 조용히 귀 기울이기로 했습니다. 그리고 나에게 되묻는 일.

그 질문 하나가 내 삶의 방향을 바꾸고 내 마음의 중심을 지켜주기 시작했습니다.

이제는 바깥보다 내 안을 먼저 봅니다.

누군가의 목소리보다, 내 안의 속삭임을 먼저 듣습니다.

조급하지 않아도 됩니다.

잘하고 있지 않아도 괜찮습니다. 지금 여기서, 나답게 살고 있다면 그걸로 충분하니까요.

삶은 언제나 내게 말하고 있습니다.

그리고 이제는, 나도 그 목소리에 답하기 시작합니다.

나에게 길을 묻는 삶

몸이 말했다. "그만 쉬자."
마음이 속삭였다. "지금 이건 네가 아니야."

나는 그 목소리를 오래 외면해왔다.
이제는 다르다.

내 안의 작은 진실에 귀 기울일 때
삶은 조금씩 따뜻한 쪽으로 방향을 튼다.

질문이 삶의 동반자가 된 지금,
나는 더 이상 외롭지 않다.

부록

이 책을 쓰는 동안, 나는 수많은 문장과 이야기들과 함께 걸었다.
그들의 삶의 조각들이 내 삶을 비춰주었고, 그 문장들이 내 글을 움직이게 했다.
아래의 책들은 나의 질문에 조용히 답해주었고, 내 마음의 빈칸을 다정하게 채워주었다.
이 책 역시 누군가에게 그런 책이 될 수 있기를 바라며, 고마운 책들의 이름을 남긴다.

『당신의 오늘은 안녕한가요』를 쓰며 길잡이가 되어준 책들

1. 『삶의 길 흰 구름의 길』, 오쇼 라즈니쉬, 청아출판사
2. 『데미안』, 헤르만 헤세, 민음사
3. 『진짜 나를 찾아라』, 법정 스님, 샘터
4. 『빅터 프랭클의 죽음의 수용소에서』, 이시형, 청아출판사
5. 『지금 이대로 좋다』, 법륜 스님, 정토출판
6. 『이제 몸을 챙깁니다』, 문요한, 해냄출판사
7. 『나는 나로 살기로 했다』, 김수현, 클레이하우스
8. 『혼자 있는 시간의 힘』, 사이토 다카시, 위즈덤하우스
9. 『나는 나무에게 인생을 배웠다』, 우종영, 메이븐
10. 『월든』, 헨리 데이비드 소로, 민음사
11. 『여행하지 않을 자유』, 피코 아이어, 문학동네
12. 『느리게 산다는 것의 의미』, 피에르 쌍소, 동문선
13. 『쓰기의 말들』, 은유, 유유
14. 『일상과 문장 사이』, 이은대, 바이북스
15. 『언어의 온도』, 이기주, 말글터
16. 『지쳤거나 좋아하는 게 없거나』, 글배우, 강한별
17. 『숨결이 바람 될 때』, 폴 칼라니티, 흐름출판
18. 『울리히 벡의 오늘도 괜찮으십니까』, 울리히 벡, 도도
19. 『삶의 지혜』, 틱낫한, 성안당
20. 『나는 지금 누구를 사랑하는가』, 바이런 케이티, 쌤앤파커스

마치는 글

나는 정말, 안녕한가?

내면의 평화 없이는 진정한 외적인 평화도 없다.

틱낫한

'잘 살고 있는 줄 알았다.' 이 책을 쓰며 자주 떠올린 말이다. 누구보다 열심히 살았고, 누구보다 부지런히 움직였으며, 누구보다 잘 참아냈다. 그래서 잘 살고 있다고 믿었다. 그건 '삶을 감당하고 있는' 것에 불과했다. 무너지지 않았다는 것과 잘 살고 있다는 건 달랐다. 나는 겨우 정신줄을 붙든 채, 정작 마음 줄은 놓아버리고 있었음을 뒤늦게야 알았다.

가족을 위해, 체면을 위해, 누군가의 기대를 위해 살면서 정작 '나는 괜찮은가?'를 묻지 않았다. 아니, 묻는 것조차 두려웠다. 내가 괜찮지 않다는 사실이 드러날까 봐. 웃고 있어도 공허했고, 쉬고 있어도 쉬는 게 아니었다. 바쁘고 치열하게 살아왔지만, 그 안에 늘 외로움이 있었고 늘 삐걱거렸다. 그걸 애써 모른 척했던 시간들이 오히려 나를 더 멀리 데려가고 있었다는 걸 이제야 알게 되었다.

삶은 어느 날 갑자기 바뀌지 않았다. 그저 아주 작은 질문 하나가 조금 더 '나'에게 가까워지게 했다.
"지금, 나는 정말 괜찮은가?"
"지금, 이 삶은 정말 내가 원하는 방향인가?"
바쁘다고, 피곤하다고, 해야 할 일이 많다고… 미루고 밀쳐두었던 날들. 이제는 더 이상 외면하지 않기로 했다. 조금 느려도, 조금 부족해 보여도, 더 단단하게 살아가고 싶으니까.

많은 사람이 지쳤을 때 이렇게 말한다.
"조금만 더 버티자."
"시간이 해결해 줄 거야."
"내가 약해서 그래."
나도 그랬다. 하지만 삶이 흔들릴 때 필요한 것은 더 열심히 하는 게 아니라, 잠시 멈추는 거였다. 멈춤 속에서 진짜 감정이 드러나고, 문제의 뿌리가 보이며, 해답이 떠오른다. 달리는 마차 위에서는 풍경이 보이지 않는다. 잠시 내려와 숨을 고를 때, 비로소 내가 어디로 가고 있는지 알 수 있다. 존 카밧진의 말처럼, "잠시 멈춰 지금 순간에 집중하세요. 그것이 삶을 바꿀 시작입니다."

이 책은 내가 안녕하지 못했던 날들의 기록이다. 겉으로는 멀쩡했지만 속은 곪아가던 시간, 아무도 모르게 화장실에서 울던 밤들, 가족을 돌보느라 내 몸을 외면했던 습관들, 타인의 기대에 부응하느라 마음이 바닥에 쓸려 나가던 순간들. 이 고백은 나만의 이야기가 아니다. 지금 이 순간에도 누군가는 같은 시간을 건너고 있을 것이다. 오쇼(Osho)는 말했다. "고통은 피할 수 없지만, 그 고통 속에 머무를지 여부는 선택이다." 괜찮지 않음을 나누는 것은 살아내기 위한 용기다. 이 책이 누군가의 마음에 그 질문 하나 조용히 남겨줄 수 있다면, 그걸로 충분하다.

이 책에 담은 방법들은 '완벽한 공식'이 아니다. 그저 무너졌다가 다시 일어서며 하나씩 배운 작은 실마리들이다. 명상으로 나를 관찰했고, 글쓰기로 감정을 정리했다. 거절을 연습하며 내 경계를 세웠고, 쉼의 시간을 확보하며 생존을 이어갔다. '하고 싶은 일'을 하며 삶의 온도를 되찾았다. 내 마음이 어디에 있든, 바로 그곳이 나의 세계였으니까. 아주 사소한 습관들이 무너진 일상을 조금씩 회복시켜주었다. 회복은 기적이 아니라, 매일의 선택이 쌓여 만들어 낸 경이로운 선물이었다.

심리학과 뇌과학은 말한다. 억눌린 감정은 결국 몸으로 드러난다고. 불면, 통증, 만성 피로, 우울, 심장질환…. 삶의 외면이 곧 몸의 신호가 되어 나타난다. 그렇기에 마음을 돌보는 일은 선택이 아니라 생존의 조건이다. 마음이 평온하면 외부의 소란도 나를 흔들지 못한다. 핵심은 결국 하나다. 몸과 마음은 연결되어 있다. 그 둘을 지켜낼 수 있을 때야 비로소 "나는 안녕하다." 말할 수 있다.

이제 조심스럽게 묻고 싶다.
"당신의 오늘은, 정말 안녕하셨나요?"
"지금 이 순간, 당신은 당신답게 숨 쉬고 계신가요?"

부디,
당신의 하루도 충만하기를.
당신의 내일도 조금 더 단단해지기를.
당신의 삶 전체가 당신 자신과 연결되어 있기를.

아내로, 엄마로, 딸로, 직장인으로 살아가며 '나 자신'이라는 선물을 내려놓고 있었다. 이제는 그 선물을 다시 내 손에 쥘 때다. 내 감정을 솔직히 바라보는 용기, 지금 여기의 삶을 사랑하는 마음, 그리고 나 자신을 깊이 돌아보는 힘. 그것이야말로 가장 지속 가능한 사랑의 시작이다.

나는 안녕하지 못했지만, 그래도 살아냈다. 이제는 나 자신을 위해 살아야 한다. 다시 시작해도 괜찮고, 천천히 걸어도 괜찮다. 그 길의 끝에서 분명 안녕한 나로 돌아올 수 있을 것이다. 그 여정에, 당신도 함께 걸어주기를 바란다. 이번에는, 나를 잃지 않은 채로.

단언컨대, 삶은 완벽하지 않아도 괜찮다. 존재 자체로 이미 충분히 소중하다. 쉬는 것도, 멈추는 것도, 돌보는 것도 모두 용기다. 그건 '나답게 살기' 위한 연습이다. 우주만큼 귀한 나 자신을, 이제는 먼저 돌보자.

책장을 덮기 전, 이 말 하나는 꼭 전하고 싶다.
지금도 여전히 나는 완성되지 않았고, 여전히 흔들린다. 하지만 분명한 건 나는 '나답게' 살기 위해 하루하루 조금씩 용기 내고 있다는 사실이다. 그 용기의 시작은 항상 이 질문에서 비롯되었다.

"나는 정말, 안녕한가?"

당신의 오늘이 안녕하길 바란다.
그리고, 당신도.

2025년 봄, 서재에서.
우주힐러 이은정.